Bärbel Müller-Rousseau

Erkenne dein Kind

Eine Anleitung

Rowohlt

Einbandgestaltung Werner Rebhuhn
Titelfoto Studio Hillis
Rückseitenfoto Ursula Eisenhauer

1. Auflage September 1984

Satz Times (Linotron 202)
Gesamtherstellung Clausen & Bosse, Leck
Printed in Germany
ISBN 3 498 04286 6

Inhalt

Vorwort

«Deine Kinder sind nicht deine Kinder. Sie sind die Söhne und
Töchter der Sehnsucht des Lebens nach sich selbst.
Sie kommen durch dich, aber nicht von dir, und obwohl sie
bei dir sind, gehören sie nicht dir.
Du kannst ihnen deine Liebe geben, aber nicht deine Gedanken,
denn sie haben ihre eigenen Gedanken.
Du kannst ihrem Körper ein Heim geben, aber nicht ihrer Seele,
denn ihre Seele wohnt im Haus von morgen, das du nicht besuchen
kannst, nicht einmal in deinen Träumen.
Du kannst versuchen, ihnen gleich zu sein, aber suche nicht,
sie dir gleich zu machen.
Denn das Leben geht nicht rückwärts und verweilt nicht beim
Gestern.
Du bist der Bogen, von dem deine Kinder als lebende Pfeile
ausgeschickt werden.
Laß deine Bogenrundung in der Hand des Schützen Freude bedeuten.»

Mit diesen Worten des arabischen Schriftstellers und Malers Kahlil Gibran wende ich mich an Eltern und Erzieher:
Lernen wir diese lebenden Pfeile kennen, bevor wir sie ins Leben schikken. Ich wende mich auch an Ärzte, Psychologen, Pädagogen und Heilpädagogen. An alle, denen Kinder, für kurz oder lang, anvertraut sind: Soll unsere Bogenrundung in der Hand des Schützen – in Gottes Hand – Freude bedeuten, für ihn, für uns und für unsere Kinder, dann müssen wir die Gedanken, die Seele unserer Kinder kennenlernen.

Alle Menschen sind verschieden. Gott sei Dank! Und verschiedene Menschen haben unterschiedliche Bedürfnisse. Diese Verschiedenartigkeit aufzuzeigen und die unterschiedlichen Bedürfnisse bewußt zu machen, darum geht es in diesem Buch.

Ich habe mit vielen Menschen zu tun, vor allem mit Kindern und ihren Eltern. Da gibt es kleine, große, dicke, dünne, intelligente und weniger intelligente, fleißige und weniger fleißige, freundliche und weniger freundliche. Mit allen muß ich leben. Ich bin allen dankbar. Alle geben mir etwas. Alle sind ein Teil meines Lebens. Weil ich den Hunderten von Kindern, die im Laufe der Jahre mein Kindermalstudio besucht haben, zur Entfaltung ihrer ureigensten kreativen Eigenart verhelfen wollte, habe ich mich zehn Jahre lang praktisch und theoretisch mit Psychologie befaßt. Die Kinder haben mir ihre Freuden und Nöte anvertraut. Gemeinsam haben wir dann diese Freuden und Nöte zu Papier gebracht. Aufgemalt und aufgeschrieben. Das hat den Kindern Spaß gemacht, und es hat ihnen geholfen. Mir hat es auch Spaß gemacht. Aber mir hat es nicht geholfen. Immer spürte ich Distanz zu mir selbst.

Wie Mauern aus Glas. Als ich mir wieder einmal die Nase daran gestoßen hatte, ziemlich wenig mit mir anzufangen wußte, da waren es wieder einmal Menschen, die mir geholfen haben: Rolf W. Schirm und Hans Stempel.

Der Anthropologe Rolf W. Schirm ist der Vater des Struktogramms, einer Methode zur Strukturierung von Erfahrungen zum Zweck der Selbst- und Menschenkenntnis.

Hans Stempel ist Leiter der betrieblichen Bildung in einem bedeutenden Wirtschaftsunternehmen, das Mitarbeitern die Möglichkeit zur Selbstanalyse gibt. Er machte mich mit dem Struktogramm vertraut.

Beide haben mir etwas geschenkt, was ich bislang vermißte: Sie haben mir mich selbst geschenkt!

Mauern aus Glas spüre ich seitdem nicht mehr. Folglich kann ich mir die Nase nicht mehr stoßen. Heute weiß ich, daß mein wertvollster Besitz mein Selbstbewußtsein ist. Ich bin mir selbst bewußt, das heißt: Ich kenne meine Möglichkeiten, meine Grenzen und meine Bedürfnisse. Und die Möglichkeiten, Grenzen und Bedürfnisse meiner Mitmenschen. Ich sehe zwar immer noch kleine, große, dicke, dünne, intelligente und weniger intelligente, fleißige und weniger fleißige, freundliche und weniger freundliche, doch ich sehe sie nun durch meine neue grün-rot-blaue Brille plastischer. Das kann jeder erleben. Dieses Buch ist die Anleitung dazu.

Weil ich bei meiner kreativen Arbeit mit Kindern jeden Tag mit ansehen muß, daß sich meine Mitmenschen weiterhin die Nase stoßen, daß aus Kindern erst Erwachsene werden müssen, bis sie sich selbst und damit auch andere verstehen und akzeptieren lernen, möchte ich etwas zur Verbreitung der Methode beitragen, die mir persönlich und beruflich so entscheidend weitergeholfen hat.

Hätten die Eltern dieser Kinder schon früh erkennen können, welche Möglichkeiten, Grenzen und Bedürfnisse sich aus der Persönlichkeitsstruktur ihrer Kinder ergeben, sie hätten sich und den Kindern manchen Kummer ersparen können.

Gespräche mit Eltern zeigen mir immer wieder, daß oft nur falsche Erwartungen der Erzieher und Wunschvorstellungen der Eltern von ihrem Kind die eigentliche Ursache für ungewöhnliche Reaktionen, Verhaltensweisen und Fehlentwicklungen sind. Durch besseres Wissen über das Kind lassen sich realistische, erfüllbare Ziele wählen. Über-, aber auch Unterforderungen werden vermieden. Durch die Eltern und Erzieher kommt so das Kind zu einem natürlichen Selbstverständnis und kann sich freier und sicherer in seiner ganz individuellen Weise verwirklichen.

Rolf W. Schirm ersetzte 1976 die komplizierten Untersuchungen und Messungen, die nötig sind, um die individuelle Hirnstruktur des Menschen aufzuzeigen, durch eine Batterie von Fragen zu typischen Reaktions- und Verhaltensweisen. Diese Fragen richteten sich an Erwachsene.

Meine Aufgabe sah ich darin, für Schirms Struktogramm eine Anwendungsform zu finden, mit der das Persönlichkeitsbild von Kindern sichtbar zu machen ist. Egal, ob diese fünf oder fünfzehn Jahre alt sind. Oder schon langsam erwachsen werden.

Sie haben jetzt die Möglichkeit, auf einfache, spielerische Weise Ihrem oder einem Ihnen anvertrauten Kind zu helfen. Durch eine kleine Geschichte, die Sie ihm vorlesen, durch ein Gespräch, durch Fragen, Spiele und Malaufgaben. Durch dieses Buch.

Ich bin auch weiterhin bemüht, mit meinen Erfahrungen – auf einem breiteren Fundament, als es die technischen Möglichkeiten eines Buches zulassen – Eltern und damit ihren Kindern zu helfen.

Bärbel Müller-Rousseau
Reinbek

Rolf W. Schirm und sein Struktogramm
Wer und was ist das?

> «Wer einmal sich selbst gefunden,
> kann nichts auf dieser Welt
> mehr verlieren.
> Und wer einmal den Menschen
> in sich begriffen,
> der begreift alle Menschen.»
>
> *Stefan Zweig*

Diese Worte des österreichischen Schriftstellers Stefan Zweig könnten von Rolf W. Schirm sein. Er setzte sie seinem Struktogramm voran.

Greifen Sie jetzt nicht zum Lexikon. Den Begriff «Struktogramm» würden Sie darin vergeblich suchen. Rolf W. Schirm erfand ihn für seine Arbeit, die 1976 auf Anregung des Volkswagenwerks entstand: eine Persönlichkeitsstruktur-Analyse, die inzwischen Schule gemacht hat. Bis heute erhielten mehr als 70000 Mitarbeiter – meist in Positionen, in denen es auf Menschenführung ankommt, die Möglichkeit zum Selbsttest.

Das Struktogramm ist aber kein Test im üblichen Sinne, welcher am Ende über ein Wertungssystem Fähigkeiten und Unvollkommenheiten aufdeckt. «Es ist vielmehr ein Hilfsmittel, um sonst nur undeutlich gespürte und schwer beschreibbare Grundmuster der Persönlichkeit bildhaft deutlich zu machen», sagt Rolf W. Schirm. Und weiter: «Wenn auch über den genauen Vorgang der Speicherung von Erfahrungen im Gehirn noch verschiedene Hypothesen bestehen, so ist doch eine Eigenart der Speicherung hinlänglich bewiesen: Unser Erfahrungsspeicher ist kein ‹Datenspeicher› im technischen Sinne, sondern ein Strukturspeicher. Die Erfahrungen, die wir zum Überleben brauchen, sind stets strukturiert. Dabei ist die Menge der unbewußt eingespeicherten Erfahrungen weit größer als die bewußt verfügbare Gedächtnismenge.

Oft fehlt es dem Bewußtsein am richtigen Schlüssel, um sich die Fülle der eingespeicherten Erfahrungen nutzbar zu machen.»

Ein solcher Schlüssel kann das Struktogramm sein. Immer wieder schenkt es Menschen ihr ganz persönliches Aha-Erlebnis. Selbst Berufsskeptiker bekennen nach der Auswertung ihres Struktogramms freimütig: «Ja, so bin ich! Ich bin anders als mein Gegenüber, aber dieses Wissen, anders zu sein, entfernt mich nicht von ihm, sondern es hilft mir, seine strukturbedingte Eigenart zu erkennen, zu verstehen und zu akzeptieren.» Jeder, der seine Struktur kennt, wird aufgefordert, sich «in Richtung seiner besten Möglichkeiten zu entwickeln und sich dadurch vor den Frustrationen einer falschen ‹Persona› und vor falschen Zielsetzungen zu bewahren», schreibt der amerikanische Gehirnforscher William H. Sheldon. Denn nur die Konzentration auf die Anlagen, die das persönliche Struktogramm als besonders gewichtig herausstellt, und deutliche Zurückhaltung bei dem Versuch, sich und andere zu strukturfremdem Verhalten zu zwingen, führen zum Erfolg.

Rolf W. Schirm wurde am 3. Januar 1918 in Nürnberg geboren. Er studierte in Berlin, Prag und Mainz Psychologie und Anthropologie. Nach dem Krieg folgten Studien in den USA, wo er später seine Tätigkeit als beratender Anthropologe begann.

Heute lebt Schirm in München und ist in ständiger Zusammenarbeit mit amerikanischen Wissenschaftlern und Instituten für eine Reihe bedeutender Firmen tätig.

Seine Schwerpunkte sind Verhaltensanalyse und Verhaltenslenkung. Er war Mitbegründer und Vorstand der Gesellschaft für Pädagogik und Information, arbeitete zehn Jahre als wissenschaftlicher Leiter der «Learning Systems»-Gruppe, aus der das Institut für Informations- und Lernsysteme hervorging, und ist wissenschaftlicher Berater des Instituts für Biostrukturen in Zürich. Seine Gedanken hat er in unzähligen Vorträgen und Seminaren weitergegeben. 1975 begann Schirm sich für die Erkenntnisse des amerikanischen Mediziners und Gehirnforschers Paul Donald MacLean zu interessieren. Auf der Basis dieser Erkenntnisse hat er dann sein Struktogramm entwickelt.

Wissenschaftlicher Hintergrund und Entwicklung des Systems

Über das menschliche Gehirn ist viel geschrieben worden. Unzählige Wissenschaftler und Ärzte haben sich mit diesem Gebilde von 30 Milliarden Nervenzellen beschäftigt, von denen jede wiederum mehrere tausend Verbindungen mit anderen eingehen kann.

Von dem griechischen Arzt Hippokrates wissen wir, daß er bereits vor 2500 Jahren schrieb: «Aus dem Gehirn und allein aus dem Gehirn stammen unsere Vergnügen und Freuden, unsere Schmerzen und Leiden. Durch das Gehirn denken, sehen und hören wir und unterscheiden das Angenehme und Unangenehme. Deshalb gefällt uns nicht allen dasselbe ... Das Gehirn verstehen heißt eigentlich, den Menschen verstehen.»

Seit Hippokrates hat dieses Forschungsgebiet natürlich ungeheure Fortschritte gemacht, von denen wir alle heute profitieren können. Eine der international anerkannten Koryphäen ist Paul MacLean, der Direktor des Instituts für Entwicklungsgeschichte des Gehirns und Verhaltensforschung in Bethesda im amerikanischen Bundesstaat Maryland.

Rolf W. Schirm entwickelte sein Struktogramm auf den wissenschaftlichen Grundlagen Paul MacLeans. Der hatte beim Experimentieren mit Echsen und Affen entdeckt, daß der Mensch nicht *ein* Gehirn, sondern *drei* Gehirne hat: «die trotz großer Unterschiede in Aufbau und Funktion zusammenwirken und sich miteinander verständigen müssen.» Diese drei Gehirne des Menschen sind:

das Großhirn
das Zwischenhirn
das Stammhirn

MacLean sagt, daß alle Deutungsversuche des Gehirns und damit des Menschen zum Scheitern verurteilt sind, solange dabei von einem einheitlichen Organ ausgegangen wird.

Aber Rolf W. Schirm, dessen Arbeit die wesentliche Grundlage dieses Buches ist, baute sein Struktogramm nicht nur aus den Erkenntnissen MacLeans auf. Er selbst nennt eine lange Reihe von Forschern, deren jahrzehntelange wissenschaftliche Untersuchungen und sorgfältige Beobachtungen menschlichen Verhaltens bereits das Bild der Persönlichkeit mit drei Hauptkomponenten zeichneten.

Vor allem muß hier W. H. Sheldon erwähnt werden. In zehnjähriger Arbeit entwickelte er schon vor mehr als fünfzig Jahren an den Universitäten Chicago und Harvard ein Drei-Komponenten-Modell primärer Persönlichkeitsstrukturen: einen Fragenkatalog, welcher 60 Persönlichkeitsmerkmale enthielt. Eine Selbstanalyse sollte dazu führen, so Sheldon: «Jedes Individuum in der Richtung seiner besten Möglichkeiten zu entwickeln und es dadurch vor den Frustrationen einer falschen ‹Persona› und vor falschen Zielsetzungen zu bewahren.»

P. Helbig schreibt in seinem Buch *Charakterologie* zu der Arbeit Sheldons: «Die Bedeutung für Erziehung und Selbsterkenntnis ist außerordentlich groß. Die Lehre führt zu einer klaren Relativierung der Ansprüche, die wir an unsere Mitmenschen und an uns selbst stellen sollen. Das Streben nach Höherbildung wird aber durch diese Erkenntnis nicht etwa geschwächt, sondern gerade verstärkt, indem es in die Bahnen des allein Möglichen geleitet wird.»

Das Drei-Komponenten-Modell des menschlichen Gehirns und folglich der menschlichen Persönlichkeit ist – wie das Struktogramm – eine Hypothese aus den Erkenntnissen wissenschaftlicher Forschung «und kann daher nur durch das Experiment bestätigt oder widerlegt werden» (Schirm).

Doch von der ersten Frageliste Schirms bis zum Struktogramm war es ein weiter Weg: Die ursprüngliche Frageliste bestand aus drei Gruppen mit je sechzehn Fragen, die sich zur Selbstanalyse eigneten und trennscharf dem Drei-Komponenten-Modell Sheldons zuordnen ließen. Sie wurde erstellt, um den Befragten die Chance zu geben, ihre individuelle Persönlichkeitsstruktur zu erkennen. Die Institutionen, für die Rolf W. Schirm beratend tätig war, zeigten sich begeistert. Sahen sie doch die Möglichkeit, ihren Mitarbeitern eine wirksame Hilfe für den Einsatz ihrer individuellen Möglichkeiten zu geben und sie dadurch erfolgreicher zu machen.

Das Drei-Hirne-Modell nach MacLean machte mit den neuesten Ergebnissen der Hirnforschung eine Überarbeitung der Erstfassung notwendig: 102 Fragen zu typischen Reaktions- und Verhaltensweisen des Menschen ergaben einen neuen Katalog. Drei Komplexe zu je 34 Fragen. Alle erfüllten die Forderungen nach Trennschärfe zwischen den Komponenten und auch nach neurophysiologischer Begründbarkeit.

Um für die praktische Arbeit ein sicheres Instrument zu erhalten, wurde dann in enger Zusammenarbeit mit dem Volkswagenwerk von Rolf W. Schirm eine Überprüfung der Fragen an fast 6000 Personen vorgenommen. Wichtig war dabei, daß sich die «Versuchspersonen» «im Ergebnis wiedererkannten und spontan Einsichten in die Ursachen persönlicher Erfolge und Mißerfolge gewannen» (Schirm). Danach verblieben für das Struktogramm in der heutigen Form 24 Fragen, die inzwischen von mehr als 70000 Menschen beantwortet wurden.

Schirms Struktogramm ist das Ergebnis empirischer Forschung im Prozeß von Beobachtung, Hypothesenbildung, Beobachtung, Hypothesenbestätigung oder -korrektur. Dies ist die Arbeitsweise der Naturwissenschaft, in der nur jene Theorien überleben, die sich in der Erfahrung bewähren.

Das mit Hilfe des Struktogramms ermittelte Bild der Persönlichkeit eines Menschen ist in der Regel unveränderlich. Dazu Schirm 1979: «Wiederholte Testung mit der gleichen Fragenbatterie bringt trotz der unvermeidlichen Selbstbeeinflussung durch das bekannte Ergebnis keine wesentliche Veränderung des Grundergebnisses der Komponenten. Da der Erprobungszeitraum erst sechs Jahre beträgt, läßt sich über langfristige Veränderungen nichts Endgültiges sagen. Die bisherigen Erfahrungen sowie die vorliegenden früheren Untersuchungen und der neurophysiologische Hintergrund ergeben aber eine hohe Wahrscheinlichkeit, daß sich die Ergebnisse im hier interessierenden Zeitraum des Berufslebens, also zwischen 25 und 65, nicht entscheidend verändern.»

Hans Stempel, Leiter der betrieblichen Bildung in einem großen Unternehmen und autorisierter Struktogramm-Trainer, machte mich 1980 mit der Arbeit Rolf W. Schirms vertraut. Auch ich hatte, wie so viele Menschen vor mir, nach dem Erstellen meines persönlichen Struktogramms das typische Aha-Erlebnis.

Die neugewonnene Klarheit über mich selbst blieb nicht ohne Folgen: Plötzlich entdeckte ich die Merkmale der drei Komponenten auch bei meinen Mitmenschen.

Seit über zehn Jahren sind mir in meiner Reinbeker Malschule Kinder ab vier Jahren anvertraut. Kinder senden bereits früh unverkennbar mehr oder weniger stark ausgeprägte Signale ihrer Persönlichkeit. Diese Signale begann ich dem Struktogramm zuzuordnen. Auf diesem gesicherten Boden entwickelte ich die Analyse zur Früherkennung der Persönlichkeitsstruktur bei Kindern und Jugendlichen.

Es folgten verschiedene Testreihen mit Kindern, denn ich wollte die Beschreibung der Situationen und die Formulierung der Fragen und Aufgaben konzentrieren, erweitern oder kindgerechter gestalten. Aus diesem Grund habe ich für die «Tests» bevorzugt Kinder von kritischen Eltern, die sich zum Teil auch beruflich mit Kindern auseinandersetzen, ausgewählt: Ärzte, Pädagogen, Heilpädagogen und Psychologen.

Mit dieser praktischen Anleitung «Erkenne dein Kind» will ich natürlich keine umfassende Persönlichkeitsanalyse liefern, sondern nur die klare Identifizierung der jeweils stärksten, mittleren und schwächsten Komponente möglich machen, weil daraus die anlagenmäßige Grundausstattung des Kindes erkennbar wird. Diese Anlagen können selbstverständlich in ihrer Entfaltung gefördert oder behindert werden.

Der Mensch hat drei Gehirne

Jahrtausendelang gingen die Menschen davon aus, das alles bestimmende Organ des Körpers sei das Herz. Bis Hippokrates und seine Zeitgenossen sie eines Besseren belehrten.

Wir hören heute die modernsten Erkenntnisse der Hirnforschung und können sie kaum fassen. Trotzdem fällt es uns nicht schwer zu glauben, daß die Wissenschaft früher oder später mit weiteren sensationellen Ergebnissen aufwarten wird. Wir haben das Gehirn längst als das komplexeste Stück Materie akzeptiert. Ganz Mutige meinen sogar, das Gehirn sei nicht nur ein Teil des Menschen, sondern das Gehirn sei der Mensch selbst.

Dieses ungefähr drei Pfund schwere Etwas ist Empfänger, Speicher und Sender gleichermaßen. Es verblüfft uns jeden Tag aufs neue. Wenn eine einzige unserer 30 Milliarden Gehirnzellen auch noch viele tausend Verbindungen mit anderen eingehen kann, dann haben wir in unserem «Oberstübchen» eine Schaltzentrale von unvorstellbarem Ausmaß.

Paul MacLean meint, daß alle unsere Deutungsversuche scheitern, wenn wir bei unserem Gehirn von einem einheitlichen Organ ausgehen. Er schreibt in: *A Triune Concept of the Brain and Behaviour* (University of Toronto Press, 1973): «In seiner Entwicklung hat das menschliche Gehirn den Aufbau aus drei grundsätzlich verschiedenen Teilen beibehalten ... Trotz großer Unterschiede in Aufbau und Funktion müssen alle drei Gehirne als ‹dreieiniges› Gehirn zusammenarbeiten. ‹Populär› gesprochen, kann man diese drei Gehirne als drei biologische Computer betrachten, von denen jeder seine eigene Form von Subjektivität und Intelligenz, seine eigene Zeitvorstellung, sein eigenes Gedächtnis und andere eigene Funktionen hat.»

Das beste wird sein, wir folgen einmal gemeinsam den Gedankengängen MacLeans, der seine Erkenntnisse entwicklungsgeschichtlich begründet:

Das Stammhirn

Im Zeitalter der Reptilien – vor 250 Millionen Jahren – regierte nur das Stammhirn.

Es ist unser ältestes Gehirn. Zuständig für das Funktionieren von Atmung, Kreislauf und Stoffwechsel. Von ihm aus werden die vielen biochemischen Vorgänge im Organismus gesteuert. Aber auch die zur Selbst- und Arterhaltung notwendigen Programme sind hier gespeichert. Zum Beispiel die Instinkte für die Nahrungssuche, Fortpflanzung, Sicherung des Lebensraumes. Das Stammhirn ist Sitz aller Erfahrungen der Entwicklungsgeschichte. Da es unser Vergangenheitsgehirn ist, ist es unbedingt auf diese Erfahrungen angewiesen. Es ist stets bemüht, alles, was ihm begegnet, Vorhandenem zuzuordnen. Unbekanntem und Neuem gegenüber ist es völlig hilflos. Es muß eine Situation immer schon einmal erfahren haben, um ihr gewachsen zu sein.

150 Millionen Jahre später endete mit dem Auftauchen der Säugetiere die Vorherrschaft der Reptilien. Es bleibt den Fachleuten vorbehalten zu ergründen, ob die Reptilien von den Säugetieren verdrängt wurden oder ob veränderte Umweltbedingungen ihren Lebensraum einengten. Die Säugetiere nutzten neben dem Stammhirn ein zusätzliches Überlebensmittel:

Das Zwischenhirn

Den Säugetieren ging es nicht mehr allein um die Sicherung des Lebensraumes und darin um die Selbst- und Arterhaltung. Sie wollten sich selbst behaupten. In der eigenen Horde und gegenüber äußeren Feinden. «Diese Säugetiere machten zum erstenmal konsequent Gebrauch von einer Möglichkeit des Überlebens, die zuvor nur als Ausnahme aufgetreten war. Des Überlebens nämlich dadurch, daß man sich gegenseitig jagt und auffrißt. Dadurch wird die Freßgesellschaft der Stammhirnperiode zu einer Jagdgesellschaft. Das Überleben in einer Jagdgesellschaft, in der es darauf ankommt, Beute zu machen und nicht zur Beute zu werden, ist aber zu kompliziert, um allein von Erfahrungsprogrammen des Gehirns gesteuert zu werden» (Rolf W. Schirm).

Das Zwischenhirn wird in dem Moment aktiv, wenn etwas Neues auftritt: ein fremdes Geräusch, ein neuer Geruch, eine unbekannte Gestalt oder Bewegung. Blitzartig werden sämtliche Muskeln durchblutet. Es wird gefühlsmäßig auf Flucht oder Angriff geschaltet. Auf Angst oder Aggression. Das Zwischenhirn arbeitet binär: Es kennt nur Freund oder Feind und die dazugehörigen entsprechenden «Entweder-oder-Reaktionen». Diese sind immer spontan, denn das Zwischenhirn ist das Gehirn der Emotionen und der Gegenwart.

Es ist aber auch das Gehirn des Lernens: «Spezifische Umweltbedingungen führen zu ganz bestimmten Verhaltensweisen. Diese werden durch ‹Versuch und Irrtum› auf ihren Erfolg beim Überleben getestet, erfolgreiche Reaktionen zu typischen Reaktionsmustern verdichtet und vom Individuum beibehalten» (Frederic Vester in: *‹Denken, Lernen, Vergessen›*).

Solange das Einzelwesen noch nicht genügend Erfahrungen gesammelt hat, wird es durch die Gruppe geschützt. In der Gruppe herrscht immer Aufgabenteilung und eine feste, wenn auch umkämpfte Rangordnung. Das stärkste Tier mit der größten Lernfähigkeit hat stets die größte Chance, sich durchzusetzen und fortzupflanzen.

Fassen wir noch einmal zusammen: Zuerst gab es also das Stammhirn mit seinen Instinkten und überlieferten Erfahrungen. Später kam dazu die Nutzung der Möglichkeiten des Zwischenhirns, das dem Lebewesen bereits einen größeren Verhaltensfreiraum gab. Und damit die Verfügung über die Zeitdimensionen der Vergangenheit und der Gegenwart.

Dies genügte der nächsthöheren Entwicklungsstufe aber nicht. Ein weiteres Gehirn wurde aktiviert:

Das Großhirn

Dieses Gehirn ermöglichte den Säugetieren ganz neue Erfahrungen. Sie mußten nicht mehr nur weglaufen und kämpfen.

Das Benutzen des neuen Instruments Großhirn befreite sie von dem Zwang, die in der Zwischenhirnzeit zum Überleben notwendigen Ausrüstungsgegenstände wie scharfe Zähne und Krallen, ein wärmendes Fell und schnelle Beine oder gar Flügel stets in Höchstform einsatzbereit halten zu müssen.

Das Großhirn ist anders angelegt als das Zwischenhirn. Es arbeitet nicht binär, sondern analog. Das macht seine Benutzer jeder anderen

Tierart überlegen. Sie *denken* jetzt, und sie verhalten sich entsprechend der jeweiligen Situation folgerichtig: Zu den Augenblicksreaktionen des Zwischenhirns kommt die Überlegung des Großhirns. Man tappt nicht mehr in jede Falle. Man überlegt sich, was passiert, wenn man so oder so reagiert.

Das neue Großhirn hat Bewußtsein und Phantasie. Es steht ihm auch eine neue Zeitdimension zur Verfügung: die Zukunft. Es bleibt aber allein den Menschen vorbehalten, die Zwischenhirnangst mit der Zukunft in Verbindung zu bringen. Das Tier hat sicher keine schlaflosen Nächte, weil es sich um seine Zukunft Sorgen macht. Sich sorgen zu müssen ist nämlich der Preis, den die Menschheit für den Verstand gezahlt hat.

Das vom Verstand erfundene Spezialwerkzeug «Sprache», macht es dem Menschen nicht nur möglich, Gefundenes und Erdachtes zu behalten und ständig durch Neues zu ergänzen, sondern auch sich anderen mitzuteilen.

Bevor ich die Vorstellung des Großhirns beende, möchte ich Rolf W. Schirm zum Thema Sorgen zitieren: «Wenn Wilhelm Busch in seinem Gedicht von der frommen Helene schreibt: ‹Es ist ein Brauch von altersher, wer Sorgen hat, hat auch Likör›, dann heißt das ein bißchen wissenschaftlicher ausgedrückt: Wer, wie der Mensch, in den neuesten Teilen seiner Hirnrinde die Fähigkeit entwickelt hat, die Zukunft denken zu können,der hat das dringende Bedürfnis, sich wenigstens gelegentlich von dieser unbequemen Fähigkeit zu befreien. Und das tut zum Beispiel selektiv der Alkohol, wie es überhaupt eigentümlich ist, daß der Mensch tatsächlich ‹von altersher› nach Rauschmitteln aller Art gesucht hat, wobei es bei diesem Rausch im wesentlichen um die Ausschaltung jüngster Hirnfunktionen geht.»

Wir haben gelesen, daß – entwicklungsgeschichtlich gesehen – nicht eine Art Gehirn durch eine andere vervollkommnet oder abgelöst wurde, sondern daß sich das neue Gehirn jeweils als selbständige zusätzliche Einheit über das vorhandene stülpt.

Schauen wir uns hierzu die Graphik – nach MacLean – an, und rufen wir uns noch einmal seine Worte zu den drei Gehirnen zurück:

«In seiner Entwicklung hat das menschliche Gehirn den Aufbau aus drei grundsätzlich verschiedenen Teilen beibehalten ... Trotz großer Unterschiede in Aufbau und Funktion müssen alle drei Gehirne als

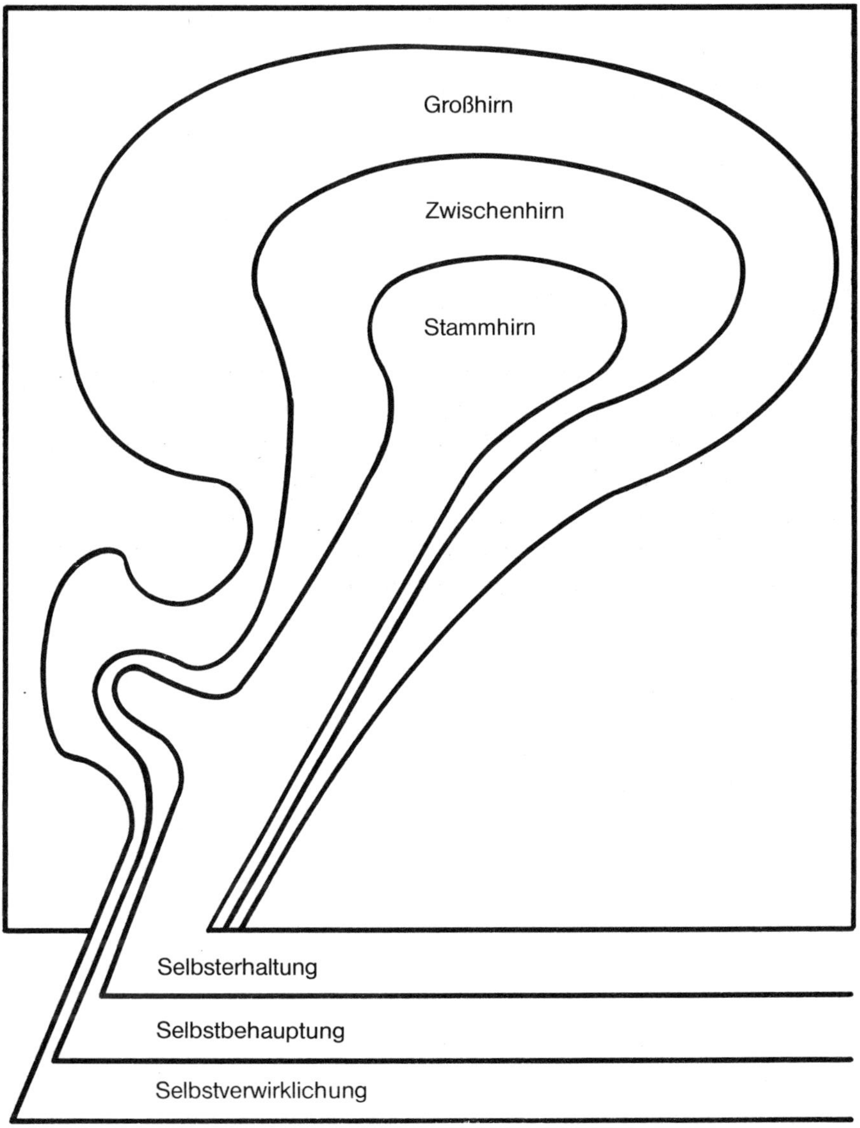

Evolutionsmodell von der Hierarchie der drei Gehirne und der dazugehörigen Antriebe. Nach Paul D. MacLean.

‹dreieiniges› Gehirn zusammenarbeiten. ‹Populär› gesprochen kann man diese drei Gehirne als drei biologische Computer betrachten, von denen jeder seine eigene Form von Subjektivität und Intelligenz, seine eigene Zeitvorstellung, sein eigenes Gedächtnis und andere eigene Funktionen hat.»

Paul MacLean spricht immer von einer Dreiheit in der Einheit. Vom *triune brain*. Vom dreieinigen Gehirn.

Was haben wir darunter zu verstehen?

Das Zusammenspiel der drei Gehirne

So wie in einem Team einzelne Menschen mit unterschiedlichen Fähigkeiten erfolgreich zusammenarbeiten, so arbeiten auch die drei Gehirne miteinander. Aber, wie das nun mal so ist, manchmal auch gegeneinander. Das führt dann zu Verwirrungen und Widersprüchlichkeiten im menschlichen Bereich. Man fühlt sich hin und her gerissen. Meistens jedoch wirkt jedes Gehirn in seiner Art und Weise zusammen mit den anderen zum Wohl und Nutzen des Individuums.

Ein einfaches Beispiel:

Stellen Sie sich vor . . . .
Nachts auf einem Schiff . . . .
Ein Matrose schläft . . . .
Ein anderer hat Wache . . . .
Hört Radio . . . .
Die Maschine dröhnt . . . .

Das Stammhirn signalisiert:

Gewohnte Umgebung . . . .
Vertraute Geräusche . . . .
Keine Gefahr . . . .

Eine Maus trippelt über den Schläfer . . . .
Pfeift . . . .
Verschwindet wieder in ihrem Mauseloch . . . .

Das Stammhirn signalisiert:

Ungewohntes Geräusch . . . .
Wach werden . . . .
Zwischenhirn befragen . . . .

Das Zwischenhirn signalisiert:

Keine Erfahrung . . . .
Gefahr . . . .
Großhirn einschalten . . . .

Das Großhirn stellt fest:

Wird mich nicht fressen . . . .
Morgen Falle aufstellen . . . .
Weiterschlafen . . . .
Denn die Freiwache ist bald vorüber . . . .

Aber nicht jeder Mensch muß wie dieser Matrose reagieren. Vielleicht hätte ein anderer die «Gefahr» höher bewertet, hätte emotionaler reagiert, wäre aufgesprungen und hätte einen anderen Schlafplatz gesucht. Wer weiß? Die Forschungen Paul MacLeans haben ergeben, daß die drei Gehirne auf jeden Menschen unterschiedlich stark einwirken. Hat sich ein Gehirn stärker durchgesetzt, dann prägt es auch am stärksten die Persönlichkeit durch instinktsicheres Verhalten, spontane Reaktion oder planende Vernunft.

Warum sind manche Menschen erfolgreicher als andere?

Ich glaube nicht, daß es viele Untersuchungen über die Ursachen und Hintergründe von Mißerfolgen gibt.

Nur der Erfolg scheint interessant. Der Erfolg an sich und der Erfolgreiche. Meist sind es aber die Erfolglosen, die fragen: «Warum sind manche Menschen erfolgreicher als andere?»

Rolf W. Schirm schreibt in seinem Struktogramm: «Es gibt kein Patentrezept für den Erfolg und damit auch keinen Einheitstyp des Erfolgreichen!» Er verweist dabei auf Untersuchungen, die von den Studien der Universität Pittsburgh aus dem Jahre 1950 und der Harvard School of Business Administration von 1957 bis zu jüngsten amerikanischen und europäischen Studien reichen, welche übereinstimmend zeigen, «daß die Erfolgreichen bei sehr unterschiedlicher Persönlichkeitsstruktur eine deutliche Gemeinsamkeit haben: Die Stimmigkeit zwischen Persönlichkeit und Verhalten. Die weniger Erfolgreichen dagegen zeigten ein Rollenverhalten, das als persönlichkeitsfremd und aufgesetzt zu erkennen war.»

Die Antwort auf die Frage: «Warum sind manche Menschen erfolgreicher als andere?», kann man unschwer diesen Worten entnehmen. Mehr Erfolg hat derjenige, welcher sich selbst und damit die Möglichkeiten und Grenzen der eigenen Person erkannt hat.

Noch mehr Erfolg hat derjenige, welcher die Fähigkeit besitzt, auch andere Menschen in ihrer Persönlichkeit und damit in ihren Möglichkeiten und Grenzen zu erkennen. Diese anderen werden für ihn «durchschaubarer».

Es hat aber keinen Zweck, fremde Verhaltensweisen zu kopieren in der Hoffnung, man könne damit den gleichen Erfolg erzielen. Was dem einen den Erfolg bringt, kann den anderen zum Mißerfolg führen. «Wenn zwei dasselbe tun, so ist's doch nicht dasselbe!»

Nach der Selbsterkenntnis und der Selbstakzeptanz kommt dann die Selbstverwirklichung. Selbstverwirklichung ist heute ein Schlagwort.

Der bedeutende amerikanische Psychologe Abraham H. Maslow sagt: «Die selbstverwirklichten Personen haben eine bessere Wahrnehmung der Realität und die Begabung, das Unechte und Unehrliche in einer Persönlichkeit zu bemerken und zu beurteilen.» Sie haben «eine Aufgabe, die sie erfüllen müssen». Sie sind «Philosophen, wenn auch manchmal sehr schlichte». Sie behalten «Würde auch in unwürdigen Situationen». Ihre Entwicklung hängt eher ab «von ihren eigenen Quellen». Sie sind fähiger zum «großen Staunen und zur Ekstase». Sie «wissen, wie wenig man weiß im Vergleich zu dem, was man wissen könnte».

Selbstverwirklichung, wie sie von Maslow verstanden wird, kann sich auch in den äußeren Formen von Erfolg, Geld, Ansehen, Prestige, Karriere ausdrücken. Kann – muß aber nicht! Die Selbstverwirklichung aus den «eigenen Quellen» im Inneren des Menschen hat eher etwas mit dem Streben nach Zufriedenheit zu tun. Wer eine «Bombenstellung» hat und von allen bewundert (beneidet) wird, aber nicht zufrieden ist, der hat in seinem Erfolgsstreben für sich selbst keinen Erfolg gehabt. Worauf es entscheidend ankommt: die Freude am Erfolg und die Zufriedenheit mit der eigenen Leistung so auszubalancieren, wie es dem jeweiligen Individuum gemäß ist.

Kinder sind auch Menschen

Überforderungserscheinungen, Verhaltensauffälligkeiten und psychosomatische Störungen sind die Kinderkrankheiten der achtziger Jahre. Infektionskrankheiten sind demgegenüber nicht mehr so bedeutend. Darauf hat die Präsidentin der Gesundheitserzieher, Dr. Hanna Neumeister, Anfang 1981 hingewiesen. Unsere jüngsten Mitmenschen werden tatsächlich schon früh, viel zu früh dem Leistungsprinzip der Erwachsenenwelt unterworfen. Die hektische Jagd nach dem Erfolg, der meist ganz plump als wirtschaftlicher Erfolg verstanden wird, beginnt heute bereits im Vorschulalter und steigert sich von Jahr zu Jahr. Stichwort: «Schulstress». Den meisten Kindern bekommt das gar nicht. Krankhafte Unruhe, Konzentrationsschwäche, Schlafstörungen, Depressionen bis zum Selbstmord, das sind Antworten der Kinder auf Ansprüche, die sie nicht oder noch nicht erfüllen können.

Kinder, welche nicht auf die eine oder andere Art protestieren, die es nicht verstehen, sich «Luft zu machen», müssen nicht zufrieden sein. Sie sind oft nur überangepaßt. Beschäftigt man sich mit ihnen, spürt man ihre Angst, die sich früher oder später aggressiv äußern wird.

Leistungszwang von der Wiege bis zur Bahre? Das muß nicht sein! Wir Eltern sollten alles tun, um die Situation der Kinder zu verbessern. Wenn wir Großen die Gleichsetzung der Neigungsfächer mit den Pflichtfächern erreichen und die Abschaffung der Zensuren, Prüfungen und Zeugnisse durchsetzen können, dann wäre die Gegenwart und die Zukunft der Kleinen nicht mehr so bedrückend.

Machen wir aber nicht den Fehler, mit dem Leistungszwang auch gleich das Erfolgsstreben vom Tisch zu wischen! Das Erfolgsstreben hat seinen schlechten Ruf zu Unrecht. Es wird nicht von außen «gemacht», es ist tief im Innern der Menschen verwurzelt. Es ist angeboren. «Mit schier unermüdlichem Wiederholungsdrang fährt das Kleinkind ‹Reaktionsmuster› ein, um sich Erfolgserlebnisse zu verschaffen ... Wiederholungen vermitteln das Gefühl des reibungslosen Funktionierens und sind deshalb mit dem Gefühl des Angenehmen verbunden» (nach L. Schenk-Danzinger: ‹*Entwicklungspsychologie*›).

Erfolg ist das aus natürlichem Antrieb und durch intensives Bemühen erreichte Ziel, das man sich in Kenntnis seiner Möglichkeiten und Grenzen selbst gesteckt hat. Unsere Kinder haben leider viel zu selten die Gelegenheit, sich eigene Ziele zu stecken und damit Erfolgserlebnisse zu verschaffen. In der Schule stellen die Lehrer Aufgaben, die sie von höherer Stelle als Lernziele des Jahres vorgegeben bekommen. Die Kinder bemühen sich, den Anforderungen zu genügen. Die Eltern «unterstützen» sie zu Hause in diesem Bemühen.

Damit machen die Eltern sich zu Handlangern der Schulbürokratie und viel zu oft zu Gegnern ihrer eigenen Kinder. Machen wir es besser! Zeigen wir unseren Kindern, daß wir wach sind, daß wir ihre unerfreuliche auf die Dauer krankmachende Lage erkannt haben und daß wir bereit sind, ihnen zu helfen, bevor sich Psychoprobleme breitmachen!

Bei psychologischen Problemen von Kindern, das wird jeder Arzt bestätigen, sind wir, die Eltern, oft das beste Medikament. Wie es aber wirkungsvoll einsetzen, wenn wir, was ja gelegentlich vorkommen soll, gleichzeitig die Verursacher dieser Probleme sind?

Lieben wir unsere Kinder! Lieben wir unsere Kinder richtig! Lieben wir unsere Kinder persönlichkeitsgerecht! Ein jegliches nach seiner Art! – Dazu müssen wir die Persönlichkeit unserer Kinder kennenlernen. Die Anleitung dazu haben Sie jetzt vor Augen. Denn dieses Buch dient der Analyse zur Früherkennung der Persönlichkeitsstruktur. ‹*Erkenne dein Kind*› kann vorbeugend helfen.

Ich teile nicht die Ansicht derjenigen, die meinen, das Kind wäre bei seiner Geburt unvollkommen, untüchtig und dumm und deshalb beliebig formbar wie Plastikmasse.

Ich meine auch nicht, daß es uns fix und fertig, also unveränderbar, in die Wiege gelegt wird.

Ich meine vielmehr, daß es Anlagen mit auf die Welt bringt, die durch die Einflüsse seiner Umwelt in ihrer Entfaltung gefördert oder behindert werden können. Gute körperliche Anlagen können sich bei träger Lebensweise nicht entfalten, sind aber durch sportliche Betätigung entwicklungsfähig. Geistige Anlagen können ebenso verkümmern, wenn sie nicht gefordert werden.

Wenn wir die Anlagen unserer Kinder frühzeitig erkennen, dann können wir sie nicht nur persönlichkeitsgerecht lieben, sondern auch persönlichkeitsgerecht erziehen. Wobei ich unter Erziehung immer ein gewaltfreies, ein behutsames Leiten verstehe. Ganz im Sinne der Worte Kahlil Gibrans, die ich meinem Buch vorangesetzt habe. Kahlil Gibran möchte damit sagen, daß unsere Kinder jeweils eigen-artige Geschöpfe Gottes sind, Geschöpfe von ganz individueller, unverwechselbarer eigener Art. Ausgestattet mit der Sehnsucht nach Selbstfindung. Ich habe dieses Buch geschrieben, weil ich meine, daß ein Kind, das die Sehnsucht nach Selbstfindung in sich trägt, auch ein Recht auf Selbstverwirklichung hat. Denn ich habe Angst, daß wir Eltern schuldig werden, wenn wir durch eine vom eigenen Wunschdenken allzu sehr geprägte Erziehung die Selbstfindung und Selbstverwirklichung unserer Kinder erschweren oder gar verhindern. Obwohl wir sie lieben.

Es gibt keine «guten» und keine «schlechten» Eigenarten

Es gibt keine «guten» und «schlechten» Hände. Es gibt nur Hände, die etwas Gutes oder Schlechtes tun können. Es gibt auch keine «guten» und «schlechten» Stammhirn-, Zwischenhirn- oder Großhirneigenarten, sondern nur Eigenarten, die der Mensch – ob groß oder klein – zu Gutem nutzen oder zu Schlechtem mißbrauchen kann! – So kann die Strukturanalyse «Erkenne dein Kind» auch niemals «gute» oder «schlechte» Eigenarten in Ihrem Sprößling entdecken, sondern nur das völlig wertfreie Grundmuster seiner Persönlichkeit deutlich machen.

Sie haben bereits eine ganze Menge über die drei Gehirne und ihre spezifischen Eigenarten erfahren: Könnten Sie sagen, eines der drei Gehirne wäre «gut» oder «schlecht», sympathisch oder unsympathisch? Eines wäre wertvoller als das andere?

Erkenne dein Kind – Eine Analyse zur Früherkennung der Persönlichkeitsstruktur

Es gibt Menschen, die fangen auf der ersten Seite eines Buches zu lesen an und legen es nicht eher aus der Hand, bis sie den letzten Buchstaben des bedruckten Papiers in sich aufgenommen haben. Kapitel für Kapitel folgen sie den Gedanken des Autors.

Andere schaffen das nur knapp bis zur Hälfte des Buches und begeben sich dann, einer inneren Eingebung folgend, an den Schluß, um den Stoff von hinten aufzurollen.

Wieder andere lesen mal hier, mal da hinein, bis sie sich mosaikartig ein Bild vom Sinn des Buches gemacht haben.

Ich gehe einfach davon aus, daß Sie sich auf die Ihnen gemäße Art einen Überblick verschafft haben von dem, was ich Ihnen mit diesem Buch nahebringen möchte. Vielleicht haben Sie schon erkannt, wie hilfreich es für Sie und Ihr Kind – oder für ein Ihnen anvertrautes Kind – sein kann.

Sollten Sie aber zu einer der beiden letzten Gruppen Mensch gehören, dann möchte ich Sie jetzt bitten, die Kapitel 1 bis 11 unbedingt der Reihe nach durchzuarbeiten. Nehmen Sie erst dann ein neues in Angriff, wenn Sie das alte als abgeschlossen betrachten. Auch wenn es Ihnen schwerfällt!

Kapitel 1

Wer wird wann analysiert – und wer führt durch die Analyse?

Hauptakteur der Persönlichkeitsstrukturanalyse sollte immer das Kind sein. Sie führen nur behutsam durch die Analyse. Ist das Kind schon etwas älter, können Sie mit ihm die möglichen Anwendungsformen durchsprechen. Hat es sich für eine davon entschieden, respektieren Sie seine Wahl (Kapitel 2: «So einfach ist die Anwendung»).

Meine Testreihen in der Erprobungsphase der Analyse haben gezeigt, daß man bereits Vorschulkindern die Geschichten, Fragen und Aufgaben verständlich machen kann. Das Kind ist dann fünf bis sechs Jahre alt. Aber nicht alle Fünf- bis Sechsjährigen sind gleichermaßen ansprechbar. Versuchen Sie es! Spüren Sie, daß Ihr Kind noch nicht so weit ist, so verschieben Sie die Analyse auf einen späteren Zeitpunkt. Im allgemeinen bringen Erstkläßler bereits gute Ergebnisse.

Zu spät ist es für «Erkenne dein Kind» jedoch nie!

Schulkinder aller Altersstufen, auch Jugendliche, haben in den vergangenen Jahren bei mir zuverlässig und deutlich die Grundstruktur ihrer Persönlichkeit erkannt. Die Analyse hat ihnen geholfen, sich in ihrer ganz individuellen Art zu akzeptieren und zu entwickeln. Sie hat ihnen aber auch geholfen, andere in ihrer Eigen-Art zu verstehen und zu akzeptieren.

Denken Sie daran, daß es im Leben Ihres Kindes Zeiten der Disharmonie gibt. Eine davon ist die Pubertät. Der Körper wandelt sich, und oft bringt der Reifungsprozeß auch die Seele aus dem Gleichgewicht. Es kann vorkommen, daß Ihr Kind gegen alles rebelliert, nur weil Sie es für gut und richtig halten. Es funkt verwirrt Signale der Persönlichkeit, die zwar seine innere Zerrissenheit deutlich machen, aber kein «ehrliches» Analyseergebnis bringen.

Wer auch immer das Kind durch die Strukturanalyse führt, sollte dies so früh wie möglich tun.

Warten Sie nicht so lange, bis Ihnen das Kind durch seine Reaktionen und Verhaltensweisen ein Rätsel nach dem anderen aufgibt.

Ich nehme an, daß in erster Linie die Eltern und «Erzieher» die Analyse mit dem Kind durchführen. «Erzieher»: damit meine ich in diesem Fall die Großeltern, Tante und Onkel oder eine andere Person, die am Kind Mutter- oder Vaterstelle vertritt (A).

Erst in zweiter Linie wende ich mich an Pädagogen und Heimerzieher, die durch die Analyse ihrer Schüler und Schutzbefohlenen die Gelegenheit haben, diese noch besser kennenzulernen. Möglichkeiten und Grenzen werden durch den «Dreikomponentenkreis» graphisch sichtbar gemacht, Über- oder Unterforderungen der einzelnen können vermieden werden (B). (Sie lesen später mehr darüber.)

Auch Heilpädagogen, Psychologen und Ärzte werden die Strukturanalyse in Ihrer Praxis verwenden wollen (C).

Die in zweiter und dritter Linie Angesprochenen (B und C) sollten aber immer daran denken, daß vor Beginn der Analyse die Einwilligung der Erziehungsberechtigten gegeben sein muß und die Bereitschaft des Kindes zur Mitarbeit deutlich werden sollte.

Die Methode «Versteck spielen» ist nur in Ausnahmefällen erlaubt. (Anwendungsformen finden Sie im nächsten Kapitel.)

Kapitel 2

So einfach ist die Anwendung

Der Kern von «Erkenne dein Kind» besteht aus dem Elternbefragungsteil, dem Vorbereitungsteil für das Kind und aus der Befragung des Kindes selbst.

Der Elternbefragungsteil – Kapitel 4 – besteht aus sechs Abschnitten mit insgesamt 24 Fragen zu typischen Reaktions- und Verhaltensweisen des Kindes. Unabhängig davon, welche Anwendungsform Sie wählen: Die Fragen sind in jedem Fall von Ihnen und Ihrem Partner – zusammen oder getrennt voneinander – zu beantworten. Von den Bezugspersonen Nr. 1 und Nr. 2 des Kindes, meist also von Mutter und Vater. Besteht diese Möglichkeit nicht, dann genügt es selbstverständlich, daß die Bezugsperson Nr. 1 die Fragen allein durchgeht, die Person, welche die längste Zeit des Tages mit dem Kind zusammen ist.

Heimerzieher, Lehrer, Heilpädagogen, Psychologen und Ärzte, welche die Analyse für ein ihnen anvertrautes Kind nutzen möchten, geben das Kapitel 4 in die Hände der Eltern.

Heimerzieher oder Lehrer, die mehrere Stunden am Tag mit dem Kind zusammen sind, könnten vielleicht – das Einverständnis der Eltern vorausgesetzt – aus eigener Sicht zusätzlich die Fragen beantworten.

Der Vorbereitungsteil für das Kind – Kapitel 5 – umfaßt drei Abschnitte: Die Geschichte «Familie Holzapfel zieht um». Zwei Malaufgaben und ein Gespräch über die fertigen Arbeiten des Kindes. Am Ende steht es plötzlich vor der Situation: «Stell dir vor, wir ziehen um.» Oder: «Stell dir vor, du und deine Familie, ihr zieht um!» Das gewissenhafte Führen durch den Vorbereitungsteil ist ein absolutes Muß.

Die Befragung des Kindes – Kapitel 6 – enthält neun Abschnitte mit insgesamt 39 Fragen. Weil sein Umzug auch mit einer Umschulung verbunden ist und weil sich das Kind darüber hinaus in einer fremden Umgebung völlig neu orientieren muß, habe ich alle Fragen im Schul- und Freizeitbereich angesiedelt. Zwölf davon werden «spielend» bewältigt. Da das Kind aber nicht wirklich umzieht, sondern sich seinen Umzug und die damit verbundene Umschulung nur vorstellt, wird seine Antwort nicht durch vordergründige Nebensächlichkeiten abgelenkt werden. Die subjektive Antwort wird gewissermaßen objektiv gegeben. Um zu vermeiden, daß hier und da die Phantasie Ihres Sprößlings doch einmal die Antworten und damit das Analyseergebnis färbt, habe ich die «harte Realität» des Schulalltags dagegengesetzt. Hier ist das Kind ganz auf sich gestellt und nicht mehr in der Obhut der Eltern. Erst gegen Ende der Befragung wird das Kind mit Freizeitsituationen konfrontiert.

In den Kapiteln 4, 5 und 6 der Analyse finden Sie weitere Hinweise. Dazu auch meine kurzen «Anmerkungen». Sie wissen immer ganz genau, welche Aufgaben, Situationen und Fragen auf Sie und das Kind zukommen. Ob Sie vorher Material bereitlegen müssen oder nicht.

Ich möchte Sie jetzt mit den drei Anwendungsmöglichkeiten der Analyse zur Früherkennung der Persönlichkeitsstruktur vertraut machen:

«Versteck spielen»
«Halb und halb»
«Selbst ist das Kind»

«Versteck spielen»

Diese Methode sehen Sie bitte als Ausnahmeempfehlung. Ich nenne sie nur an erster Stelle, damit man sie schnell wieder vergessen kann. Sie kennen meine Einstellung: Jedes Kind hat ein Recht darauf zu erfahren, was man mit ihm vorhat. Deshalb sollten Sie nur mit dem jüngsten Kind, dem Sie Sinn und Zweck der Analyse noch nicht vermitteln können, «Versteck spielen». Es ist selbst noch zu verspielt, um sich angemessen zu konzentrieren. In diesem Fall heiligt der Zweck das Mittel, denn nur ein «ehrliches» Analyseergebnis kann Ihnen und Ihrem Kind die versprochene Hilfe bringen.

So gehen Sie vor:

Versuchen Sie gar nicht erst, mit Ihrem Kind über die Analyse zu sprechen.

Anstatt vorzulesen, erzählen Sie ihm die Umzugsgeschichte aus dem 5. Kapitel (siehe Seite 58). Nach dem «Malspaß» sprechen Sie mit Ihrem Sprößling über seine Bilder und kreuzen das, was Sie dazu erfahren haben, später unbemerkt in der dazugehörigen Tabelle an. Genauso machen Sie es bitte mit den neun Abschnitten des Befragungsteils.

Prägen Sie sich vorher die Formulierung der Fragen gut ein. Versuchen Sie, Ihrem Kind hier und da eine Antwort zu entlocken. Es dürfen Tage oder gar Wochen vergehen, in denen Sie mosaikartig das Persönlichkeitsbild Ihres Kindes für sich selbst zusammensetzen. Natürlich dürfen Sie bei dieser Methode kein genaues Bild erwarten. Sobald das Kind etwas älter ist, sollten Sie die Analyse in einer anderen Form wiederholen.

«Halb und halb»

Bei dieser Form, der ich unbedingt den Vorzug gebe, besprechen Sie den Sinn und Zweck der Analyse vorher mit Ihrem Kind. Nehmen Sie dabei das Kapitel 3 – «Wie sag ich's meinem Kinde?» – zur Hilfe. Stimmen Sie dann das Kind auf die Befragung ein. Gleich im Anschluß daran führen Sie diese durch. Sie lesen die Geschichte, die Aufgaben, Situationen und Formulierungen der Fragen zu den Kapiteln 5 und 6 eindringlich vor. Ihr Kind antwortet Ihnen. Das Ergebnis tragen Sie gemeinsam in die dazugehörigen Auswertungstabellen ein. Genauso kameradschaftlich behandeln Sie das Kapitel 7.

Nehmen Sie sich Zeit! – Zeitdruck ist Gift für die Analyse!

Es kommt nicht nur darauf an, daß das Kind die nötige Ruhe mitbringt, sondern mehr noch darauf, daß der Erwachsene, der durch die Analyse führt, selbst in ausgeglichener Stimmung ist. Seine Nervosität würde sich sonst auf das Kind übertragen und ein optimales Analyseergebnis unmöglich machen.

Trotzdem sollten die einzelnen Aufgaben, Situationen, Fragen und Antworten nicht zerredet werden. Weder der Erwachsene noch das Kind sollte über ihren Hintergrund lange nachdenken. Spontane Antworten sind meist die «ehrlichsten».

Wenn Sie fühlen, daß Ihr Kind nicht in der richtigen Stimmung, nicht aufnahmebereit für die Analyse ist, verschieben Sie diese auf einen besseren Zeitpunkt. Merken Sie erst später, daß es in Gedanken ganz woanders ist, daß es Ihnen bewußt oder unbewußt etwas vorspielt – mogelt –, dann brechen Sie die Analyse ab. Beginnen Sie ein anderes Mal neu!

«Selbst ist das Kind»

Bei dieser Form besprechen Sie ebenfalls die Analyse mit Ihrem Kind. Nehmen Sie auch hier das Kapitel 3 zur Hilfe.

Nachdem Sie selbst das Kapitel 4 abgeschlossen haben, überlassen Sie Ihrem «vernünftigen» Kind die Kapitel 5 und 6 zur Selbstanalyse.

Wenn Sie mögen, auch die Auswertung nach Kapitel 7. Ihr Kind wird so viel Vertrauen haben, daß es Ihnen das Ergebnis der Selbstanalyse vorstellt. Verheimlichen Sie ihm dann nicht das Resultat der «Elternbefragung». Es wird für beide Teile wertvoll sein, die «Befunde» miteinander zu vergleichen und eventuell abweichende Punkte zu diskutieren.

Besprechen Sie die drei Methoden mit Ihrem Partner und mit Ihrem älteren, «vernünftigen» Kind. Gemeinsam werden Sie eine Anwendungsform finden, die Sie befriedigt.

Wenn du die Selbstanalyse gewählt hast, werde ich dich ab sofort in das «Erwachsenen-Sie» miteinbeziehen. Das ist einfacher für mich.

Kapitel 3

Wie sag ich's meinem Kinde?

Alle Eltern wollen das Beste für ihre Kinder!

Aber ob das, was sie dann tun, auch immer das Beste ist? – Und ob das Beste auch in jedem Fall das Richtige war?

Jedes Kind hat das Recht zu wissen, was man mit ihm vorhat. Es hat auch das Recht zu erfahren warum! Und zwar, sobald man ihm beides verständlich machen kann. Ich gehe sogar so weit zu sagen: Jedes Kind hat das Recht, sich zu wehren, wenn es das Gefühl hat, daß ihm zuviel zugemutet wird! Deshalb habe ich die Methode «Versteck spielen» als «Ausnahmeempfehlung» bezeichnet. Anzuwenden nur bei den jüngsten, noch sehr verspielten Kindern.

Allen anderen erklären Sie bitte die Analyse zur Früherkennung der Persönlichkeitsstruktur, bevor Sie gemeinsam an die Arbeit gehen. Ist Ihre Tochter oder Ihr Sohn schon etwas älter und hat sie oder er die Selbstanalyse gewählt, sollten Sie trotzdem eine gemütliche Stunde dazu benutzen, den Sinn und Zweck der Analyse miteinander zu diskutieren. Machen Sie Ihrem Kind die Verschiedenartigkeit der Menschen deutlich. Gehen Sie zusammen die unterschiedlichen Eigenarten von Freunden und Bekannten, Kindern wie Erwachsenen, durch. Eigenarten, die Sie oder Ihr Kind besonders lieben. Aber auch solche, die Sie beide immer schon gestört haben. – Als Mittel zum Zweck sei das einmal erlaubt. Mögen die mehr oder weniger freundlich Besprochenen Ihnen verzeihen!

Hat Ihr Kind sich nach der Analyse selbst in seiner individuellen Art akzeptiert, dann wird es auch die Eigenart der anderen in einem anderen Licht sehen.

Um Ihnen den Einstieg in das Thema zu erleichtern, habe ich Ihnen eine kleine Geschichte geschrieben, die Sie Ihrem Kind vorlesen könnten.

Die Geschichte vom dummen Nis und vom klugen Puck

Es waren einmal zwei Nachbarn. Der eine hieß Nis und der andere Puck.

Nis war reich, aber ein bißchen dumm. Puck dagegen hatte ein kluges Köpfchen, doch er war arm wie eine Kirchenmaus.

Nis besaß Haus und Hof und eine schöne große Weide. Er hatte eine schöne Frau und sieben schöne Kinder. Im Haus waren Schränke und Truhen voll vom Feinsten und Besten. Auf dem Hof tummelten sich Hund und Katze, Gänse, Enten und Hühner. Auf der Weide Ochs und Kuh. Drei Maulesel halfen ihm bei der Arbeit.

Puck dagegen wohnte in einer bescheidenen Hütte. Darin standen nur Bett und Tisch und eine Lade für das Brot. Er hatte weder Frau noch Kind. Weder Hund noch Katze. Weder Gänse, Enten und Hühner noch Ochs und Kuh. Er besaß nur sich selbst. Und ihm halfen bei der Arbeit nur seine flinken Hände und sein immer fröhliches Herz.

Eines Abends, als sie wieder einmal beieinander standen, jammerte Nis: «Ach, Herr Nachbar, schau Er meine Maultiere an! Sie sehen alle drei gleich aus, doch ein jedes tut nur das, was ihm Spaß macht.

Will ich ausreiten, muß ich alle drei satteln und probieren, welches mich trägt.

Muß ich eilig in die Stadt fahren, dauert es eine Stunde, bis ich herausgefunden habe, welches sich vor den Wagen spannen läßt.

Gibt es Lasten über Stock und Stein in die Berge zu tragen, werfen erst einmal zwei der Tiere die Fracht ab, bevor sich das dritte geduldig beladen läßt!

Ich bin es leid! Die Maulesel sind nicht halb so viel wert wie die Zeit, die ich durch sie verliere. Ich schenk sie Euch und Futter für ein ganzes Jahr dazu.»

Puck war hocherfreut. Klug wie er war, brauchte er kaum einen Tag, um herauszufinden, welches Muli seiner Natur nach am liebsten den Wagen zog, welches gern Lasten und welches nur den Reiter trug.

Schnell band er dem Zugtier ein grünes, dem Lasttier ein blaues und dem Reittier ein rotes Band um den Hals.

Und nie mehr lud er dem Zugtier Lasten auf, bestieg das Lasttier oder spannte das Reittier vor den Wagen.

Die drei Maulesel dankten es ihrem neuen Herrn durch treue Dienste.

Sprechen Sie mit Ihrem Kind über die Geschichte und lenken Sie es, wenn nötig, auf die Kernaussage:

Jedes der drei Mulis tat gern und treu seine Dienste, weil es bei Puck von vornherein nur dort gefordert wurde, wo es seiner Natur nach die besten Leistungen erbringen konnte.

Kapitel 4

Elternbefragungsteil
Kenne ich mein Kind?

Das haben Sie sich sicher schon oft gefragt, wenn es vor Ihnen stand und Sie mit großen Augen anschaute. Die Augen sind der Spiegel der Seele. Irgendwann, so scheint es, ist uns Großen die Gabe abhanden gekommen, in den Augen der Kleinen zu lesen. Oder finden wir in der Hektik des Alltags nur keine Zeit mehr, richtig aufzunehmen, was wir da sehen?

Aber wir übersehen heute nicht nur viel, wir überhören auch vieles!

In der Erprobungsphase der Strukturanalyse hatte ich auch die Eltern der «Testkinder» zu Gast. Ihnen legte ich Fragen zu typischen Reaktions- und Verhaltensweisen ihrer Kleinen vor. Und was taten die Großen? Anstatt spontan zu antworten, verströmten sie Ratlosigkeit!

Zu ihrer Ehrenrettung muß ich sagen, daß ich die meisten Fragen in einem Lebensbereich angesiedelt habe, zu dem die Eltern kaum Zutritt haben. Es ist der Bereich, in dem sich die Kinder ohne Schutz und Einfluß von Mutter und Vater selbst behaupten müssen: in der Schule.

Meine Gästeeltern sahen allein das Vordergründige der Fragen. Sie zögerten mit der Antwort, weil sie konkret nur die meist dürftigen Ergebnisse der Elternabende in der Schule kannten, dazu die Zeugnisse und die oft bruchstückhaften, stark gefärbten Berichte des Kindes.

Wenn man aber sein Kind jeden Tag liebend wahrnimmt, dann sollte man eigentlich auch für die Zeit, in der es außer Haus ist, sicher sagen können: «So verhält sich unser Hans oder unsere Grete!»

Weil einige Eltern jedoch verlernt haben oder nicht mehr die Zeit finden, in den Augen ihres Sprößlings zu lesen, machen sie einen verhängnisvollen Fehler. Verhängnisvoll, weil sie nach einem Wunschbild erziehen, welches mit dem tatsächlichen Persönlichkeitsbild Ihres Kindes oft wenig zu tun hat. Ein Kind ist aber kein Topf, in den man alles hineinschüttet, was man selbst für gut und richtig hält!

Wir sollten es nicht vom Subjekt zum Objekt der Erziehung machen. Erziehung sollte in erster Linie Hilfe zur Selbstfindung sein.

Das brauchen Sie
Einen ruhigen Abend Einen – gegebenenfalls zwei – Stifte
So gehen Sie vor
Durch die folgende sechsteilige Elternbefragung haben Sie jetzt die Gelegenheit, Ihr Bild von der Persönlichkeit Ihres Kindes zu zeichnen, um es später mit dem Ergebnis der Strukturanalyse zu vergleichen. Es wäre schön und wünschenswert, wenn Sie die Möglichkeit hätten, die Fragen gemeinsam mit Ihrem Partner durchzuarbeiten. Sie können natürlich den Komplex auch getrennt voneinander durchgehen und dann zusammen über die Fragen diskutieren, die Sie unterschiedlich beantwortet haben. Es genügt aber, wenn Sie – als Bezugsperson Nr. 1 – die Fragen allein beantworten. Nehmen Sie sich Zeit und gehen Sie die einzelnen Abschnitte der Reihe nach durch.

Lesen Sie zuerst aufmerksam die Situationsbeschreibungen und dann die dazugehörigen Fragen. Wenn die Möglichkeit besteht, besprechen Sie diese mit der Bezugsperson Nr. 2 des Kindes. Achten Sie aber gleichzeitig darauf, daß Sie die Fragen nicht zerreden.

Übrigens: Die Bezugsperson Nr. 1 ist in diesem Fall immer diejenige, welche die längste Zeit des Tages mit dem Kind zusammen ist. Selbstverständlich ist diese Bezeichnung völlig wertfrei.

Mit dem Stift kreuzen Sie die eigene(n) Antwort(en) im eigenen Kästchen an. Eine Auswertung findet im Augenblick noch nicht statt. Ich möchte verhindern, daß Sie durch den «Befund» Ihr Kind bei der Vorbereitung und während der Befragung bewußt oder unbewußt beeinflussen.

Bei Schulschwierigkeiten des Kindes denken Sie bitte an die Möglichkeit, daß der Lehrer als dritte Bezugsperson aus seiner Sicht zusätzlich die Fragen beantworten könnte.

Die Situation

Stellen Sie sich vor: Sie und Ihre Familie sind gerade umgezogen. Nicht von einer Straßenseite auf die andere, sondern in eine andere Stadt.

Sie haben Ihr Kind in der neuen Schule angemeldet. Der beste, sicherste Schulweg wurde gemeinsam ausgekundschaftet.

Jetzt ist es Abend. Die Schultasche ist gepackt. Ihr Kind liegt im Bett.

Morgen ist sein erster Schultag.

Wie fühlt sich Ihr Kind?

Entscheiden Sie sich für die Aussage, von der Sie meinen, daß sie am typischsten für Ihren Sprößling ist. Bitte nur in *einem* Antwortkästchen ein Kreuz machen!

Meine Fragen	Die Antwort der Bezugsperson			
	Nr. 1	Nr. 2	Nr. 3	
Ihrem Kind ist unbehaglich zumute. Vielleicht ist es sogar ein bißchen ängstlich. Es überlegt, was geschehen wird, wenn es in die Klasse kommt. Es kann und kann nicht einschlafen.				A
Oder meint es: «Ich freue mich auf die neuen Klassenkameraden. Bestimmt werde ich unter ihnen viele Freunde (Freundinnen) finden.» Aber es schläft schon fast und mag gar nicht mehr denken.	X			B
Oder ist es noch ganz aufgeregt und meint: «Ich bin gespannt auf die Typen in der Klasse. Wenn die in Ordnung sind und alle mitmachen, werde ich bestimmt viel Spaß haben.»				C

Die Situation

Den Umzug hat Ihr Kind schon fast vergessen.
Es ist dabei, sich in der neuen Schule und in der Klasse einzuleben. Jeden Tag lernt es seine Mitschüler ein bißchen besser kennen. Aber auch die Mitschüler entdecken die besonderen Eigenarten Ihres Sprößlings.
Drei Klassenkameradinnen und drei Klassenkameraden unterhalten sich gerade über Ihr Kind:
Andrea, Beate, Christiane, Daniel, Eddy und Felix.

Welche Kinder haben mit ihren Feststellungen recht?
Was meinen Sie, welche auf Ihren Sprößling zutreffen?
Suchen Sie bitte *drei* Kinder heraus, und kreuzen Sie das dazugehörige Kästchen an. Nicht mehr und nicht weniger als *drei*!

Meine Fragen	Die Antwort der Bezugsperson			
	Nr. 1	Nr. 2	Nr. 3	
Andrea meint: Ihr Kind sagt jedem immer mitten ins Gesicht, was es denkt; vergißt aber völlig, daß es damit andere kränken kann.	X			A
Beate meint: Ihr Kind getraut sich nicht, jemand anderen zu fragen: «Willst du mein Freund (meine Freundin) sein?» Weil es Angst hat, daß er (sie) «nein» sagen könnte.				B
Christiane erklärt: Ihrem Kind mag man alles erzählen, weil es zuhören kann und nicht immer nur von sich selbst erzählen will.				C
Daniel sagt: Ihr Kind hat vor nichts und vor niemandem Angst. Bei ihm ist immer etwas Aufregendes los.	X			D
Eddy sagt: Lärmen und Toben mag Ihr Kind nicht. Es denkt in der Pause schon an das, was es nach der Schule machen könnte.				E
Felix meint: Ihr Kind weiß morgens schon, was es mittags zu essen gibt. Es wünscht sich immer etwas Extrafeines.	X			F

Die Situation
Die Schule ist aus. Alle Kinder werden mit leerem Magen, aber vollgestopft mit Eindrücken und Erlebnissen nach Hause entlassen. Wieviel von seinen Eindrücken und Erlebnissen Ihr Sprößling mehr oder weniger spontan erzählt, hängt nicht zuletzt von seiner Persönlichkeitsstruktur ab.

Wie würden Sie ganz allgemein das Temperament Ihres Kindes beschreiben?

Beantworten Sie meine *drei* Fragen, indem Sie ihnen Noten geben: Die für Ihren Sprößling typischste bekommt eine «1» in das dazugehörige Kästchen. Die gelegentlich zutreffende eine «2» und die, welche am wenigsten zutrifft, eine «3».

Meine Fragen	Die Antwort der Bezugsperson		
	Nr. 1	Nr. 2	Nr. 3
Ist Ihr Kind ruhig?	3		
Ist Ihr Kind lebhaft?	1		
Ist Ihr Kind schüchtern?	3		

Die Situation

Ob ruhig, lebhaft oder schüchtern, jedes Kind hat einmal mit anderen Kindern Streit, und jedes wird sich auf die ihm gemäße Art «Luft machen».

Stellen Sie sich vor: Ihr Sprößling ist mit einem anderen Kind total aneinandergeraten. Dieses andere Kind ist etwa im gleichen Alter. Es ist gleich groß und gleich kräftig. Es hat Ihren Sprößling so richtig «fuchsteufelswild» gemacht.

Wie reagiert Ihr Kind bei Erregung?

Bitte beantworten Sie wieder alle *drei* Fragen, indem Sie ihnen Noten geben: Die für Ihren Sprößling typischste bekommt eine «1» ins Kästchen geschrieben. Die gelegentlich zutreffende eine «2» und die, welche am wenigsten zutrifft, eine «3».

Meine Fragen	Die Antwort der Bezugsperson		
	Nr. 1	Nr. 2	Nr. 3
Schreit Ihr Kind das andere an und geht es so wütend darauf los, daß die Fetzen fliegen?	1		
Liegt es ihm mehr, mit dem anderen in Ruhe zu reden, bis alles wieder in Ordnung ist?	3		
Oder dreht sich Ihr Kind um und redet kein Wort mehr mit dem anderen? Niemand soll sehen, daß es sich ärgert.	2		

Die Situation
Die schönste Zeit des Tages ist die Freizeit. Wenn die Schule aus ist und die Hausaufgaben gemacht sind, kann das Kind tausend schöne Dinge tun. Laut oder leise. Drinnen oder draußen. Allein oder zusammen mit anderen. In der Familie oder im Verein.

Was macht Ihr Kind in seiner freien Zeit?
Bitte kreuzen Sie genau *drei* Kästchen an. Auch wenn es Ihnen schwerfällt. Nicht mehr und nicht weniger!

Meine Fragen	Die Antwort der Bezugsperson			
	Nr. 1	Nr. 2	Nr. 3	
Ihr Kind ist gern mit seinen Freunden zusammen, dabei muß nicht alles nach seiner Nase gehen. Hauptsache, es gibt keinen Streit, und alle haben eine schöne Zeit zusammen.				A
Ihr Kind überlegt nicht lange, sondern tut sofort, was ihm einfällt. Es will aber auch, daß die anderen begeistert mitmachen.	X			B
Es macht Ihrem Kind Spaß, seine Sachen zu ordnen. Alles bekommt bei ihm einen bestimmten Platz. Manchmal sortiert es sogar begeistert alles wieder um.				C
Ihr Kind denkt sich eine Menge Dinge aus, die es tun könnte. Es bleibt aber oft beim Ausdenken, weil es zu lange überlegt, was am besten wäre.	X			D
Ihr Kind ist gern gemütlich zu Hause. Es liebt die ruhigen Beschäftigungen und träumt gern.				E
Stillsitzen fällt Ihrem Kind schwer. Es braucht Bewegung, um sich wohl zu fühlen.	X			F

Die Situation

«Ich», das ist ein tolles Wort. «Ich und du» gefällt mir noch besser.
Alle Menschen brauchen – mehr oder weniger – ein Gegenüber. Ich kenne einige, die brauchen sogar eine ganze Mannschaft zum Glücklichsein.

Das eine wie das andere ist strukturbedingt.

Kinder sind auch Menschen und wollen nicht vereinzeln. Bezugspersonen, Freunde und Freundinnen gehören zu ihnen wie das tägliche Brot.

Mit welchen Kindern ist Ihr Sprößling am liebsten zusammen?

Kreuzen Sie bitte *nur ein* Kästchen an!

Meine Fragen	Die Antwort der Bezugsperson			
	Nr. 1	Nr. 2	Nr. 3	
Spielt Ihr Kind gern mit Jüngeren?				A
Kommt es mit Gleichaltrigen besonders gut zurecht?				B
Ist es gern mit älteren Kindern oder Erwachsenen zusammen?	X			C

Kapitel 5

Vorbereitungsteil
So stimmen Sie das Kind auf die Befragung ein

Jetzt kommen Sie zum Kern von «Erkenne dein Kind».

Er besteht aus den drei Abschnitten A, B und C dieses Vorbereitungsteils und den neun Abschnitten des Befragungsteils.

Alle zwölf zusammen sind in eine Geschichte verpackt, in die sich auch kleine Kinder gut hineindenken können.

WICHTIG! WICHTIG! WICHTIG!

Die nächsten drei Abschnitte sind das absolute Muß vor der Befragung des Kindes.

Welche Anwendungsmethode Sie auch gewählt haben:

Beginnen Sie hier!

Sie reißen sonst die Geschichte auseinander!

In Kapitel 2 habe ich Ihnen die Möglichkeiten vorgestellt:

«Versteck spielen»
«Halb und halb»
«Selbst ist das Kind»

Sie wissen, daß ich «Halb und halb» den Vorzug gebe. Deshalb beziehen sich meine Anmerkungen alle auf diese Methode. Wenn Sie das Kapitel 2 aufmerksam gelesen haben, werden Sie meine erklärenden Worte aber ohne Schwierigkeiten auf die beiden anderen Anwendungsformen übertragen können.

Das brauchen Sie
Einen Kugelschreiber Einen Bogen weißes Zeichenpapier DIN A 4 Eine Packung Filzstifte «dünn» zum Zeichnen Eine Packung Filzstifte «dick» zum Malen
So gehen Sie vor Nehmen Sie sich Zeit. Legen Sie das Material bereit und lesen Sie Ihrem Kind die Geschichte «Familie Holzapfel zieht um» vor. Danach sprechen Sie mit ihm über die Geschichte. Besonders über die drei letzten Passagen: Abschied von den Freunden, Aktivitäten um den Möbelwagen, Einrichten der neuen Zimmer. – Versuchen Sie herauszufinden, welche der drei Szenen Ihr Kind am meisten berührt hat, indem Sie sagen: «Komm, wir malen ein Bild zur Geschichte!» Äußert es nicht spontan und eindeutig, was es zu Papier bringen möchte, lesen Sie ihm die Fragen vor. Für sein Bild darf Ihr Sprößling die dünnen und die dicken Stifte benutzen. Er darf zeichnen und malen, nach Herzenslust. Wenn er den Riesenmöbelwagen malen möchte, aber nahe daran ist, sich für das neue Haus von Klaus und Susanne zu entscheiden, weil er besser Häuser als Autos malen kann, versprechen Sie ihm, beim Möbelwagen zu helfen. Machen Sie ihm verständlich, daß es nicht darauf ankommt, WIE er malt, sondern WAS er malt!

Die Geschichte
Familie Holzapfel zieht um
Die Familie, das sind Vater und Mutter, Klaus und Susanne, Winni, die Katze, und Wenzel, der Hund. Bis auf Wenzel heißen alle Holzapfel und sind stolz darauf. Wenzel heißt «von Markwitz». Er ist von Adel. Manchmal trägt er die Nase etwas hoch. Das mag Winni gar nicht. Im Augenblick sind die beiden völlig ratlos ... Am Tisch sitzen vier Holzäpfel, und zwei davon lassen die Köpfe hängen. Was ist passiert? «Wir ziehen um», hatte Vater Holzapfel gerade verkündet. «Nicht von einer Straßenseite auf die andere, sondern in eine andere Stadt. In eine schöne Stadt!» – Mutter Holzapfel sagt: «Ein neues Haus wartet auf uns, und ein großer Garten zum Spielen ist auch dabei!» Langsam heben sich die Köpfe. Klaus und Susanne haben viele Fragen. Eine aufregende Zeit beginnt. Bald steht die ganze Wohnung auf dem Kopf. Wäsche, Kleidung, Bücher, Spielsachen, Geschirr, alles wird in große Kisten verpackt. Nur das Allernötigste bleibt noch zum Gebrauch.

Sind die Schränke leer, werden sie auseinandergeschraubt. Klaus und Susanne helfen tüchtig mit. Zum Abschied dürfen sie noch einmal Freunde und Freundinnen einladen, Zu Kakao und Kuchen in die fast leere Wohnung.

Am nächsten Morgen ist es dann soweit. Es klingelt. Drei große Männer stehen vor der Tür. Jeder sieht so aus, als ob er ganz allein ein Klavier tragen könnte. Sie krempeln sich die Ärmel auf, und Kiste um Kiste, Stück um Stück verschwindet im großen Möbelwagen, der auf der Straße steht. Winni hat sich verkrochen. Wenzel von Markwitz hat, laut bellend, mit wehenden Ohren das Weite gesucht, nachdem man ihm zweimal auf den Schwanz getreten hat. Klaus und Susanne finden alles wahnsinnig aufregend. Sie dürfen im Möbelwagen in die neue Stadt fahren. Sie sitzen schon im Steuerhaus und können es kaum erwarten.

Stunden sind vergangen. Der Wagen hält. Der Fahrer springt ab und sagt: «Meine Dame, mein Herr! Bachstraße 9! Aussteigen, bitte!» Da steht ja auch schon Vaters Auto – und Winni und Wenzel zur Begrüßung. Mutter winkt fröhlich aus einem der Fenster. Das neue Haus ist wirklich wunderschön! Die Zimmer sind groß und sonnig. Sie werden sofort von Klaus und Susanne in Besitz genommen. In Gedanken sind die beiden schon beim Einrichten.

Sagen Sie Ihrem Kind noch einmal:
«Komm, wir malen ein Bild zur Geschichte!
Wir benutzen die dünnen und die dicken Stifte.»
Fragen Sie: «Was möchtest du malen?»

Kreuzen Sie in *einem* der Kästchen an, was Ihr Kind zu Papier bringen will.

	Die Fragen	Die Antwort des Kindes
A	Möchtest du die neue Stadt zeichnen und malen? So wie du sie dir vorstellst? Das neue Haus der Familie Holzapfel? Vielleicht hast du Spaß daran, das Zimmer von Klaus oder Susanne einzurichten?	
B	Möchtest du die alte Wohnung von Klaus und Susanne zeichnen? Wie sie langsam kahl und leer wird? Vielleicht möchtest du den Abschied von Freunden und Freundinnen malen?	
C	Möchtest du die starken Möbelmänner zeichnen? Oder malen, wie sie eine Kiste nach der anderen im Bauch vom Riesenmöbelwagen verschwinden lassen? Klaus und Susanne bei der aufregenden Fahrt im Steuerhaus?	

Das brauchen Sie
Einen Kugelschreiber Einen Bogen weißes Zeichenpapier DIN A 4 Eine Packung Filzstifte «dünn» zum Zeichnen Eine Packung Filzstifte «dick» zum Malen
So gehen Sie vor
Führen Sie Ihr Kind von der Geschichte um Klaus und Susanne langsam zu seinem Ich zurück. Dieser Abschnitt soll Ihnen dabei helfen. Legen Sie das Material bereit und lesen Sie ihm die Situationsbeschreibung vor. Danach soll Ihr Sprößling sich selbst zu Papier bringen. Er wird Ihnen viele Fragen stellen: «Soll ich nur meinen Kopf malen, oder kann ich mich ganz abzeichnen?» – «Muß ich diesen schrecklichen Pullover malen, oder darf ich das neue T-Shirt zeichnen?» – Versuchen Sie allen Fragen auszuweichen, indem Sie immer wieder sagen: «Male ein Bild von dir. Male dich selbst. So wie du es gern möchtest!» Lassen Sie Ihrem Kind Zeit. Es soll entscheiden, wann sein Werk fertig ist.

Die Situation

Immer wieder wird es Familien geben, die umziehen müssen. Sicher kennst du selbst eine Menge Kinder, die schon einmal umgezogen sind. So wie Klaus und Susanne.

Wenn man seine liebe alte Stadt verläßt, dann möchte man unbedingt ein Stück Erinnerung mitnehmen. Da die meisten Dinge, die man gern hat, aber viel zu groß sind, um sie einzupacken, muß man sich etwas einfallen lassen. – Schließlich kann man das Klettergerüst vom Spielplatz an der Ecke nicht einfach in die Tasche stecken. Aber man kann es zeichnen oder malen und als Bild mitnehmen.

Da ich auch dich nicht immer und überallhin mitnehmen kann, wünsch ich mir ein Bild von dir.

Sagen Sie Ihrem Kind noch einmal:
«Zeichne und male ein Bild von dir. Zeichne und male dich selbst. Du darfst die dünnen und die dicken Stifte benutzen.»

Beobachten Sie Ihren Sprößling beim Zeichnen und Malen. Loben Sie das fertige Werk und kreuzen Sie seine Arbeitsweise in *einem* der Kästchen an.

Die Arbeitsweisen	Ihre Antwort	
Abbilden: Sorgfältiges Arbeiten mit dem Wunsch nach Ähnlichkeit. (I)		A
Hinwerfen: Großzügiges, schnelles Arbeiten. Eventuell Brustbild. (II)		B
Erzählen: Liebevolles Arbeiten. Eventuell zusätzliches Zeichnen einer «Umwelt». (III)		C

Sprechen Sie mit Ihrem Kind über seine Bilder

Loben Sie seine beiden Werke. Lassen Sie sich noch einmal erzählen, was es zur Umzugsgeschichte gezeichnet und gemalt hat. Fragen Sie, warum es diese und keine andere Situation zu Papier gebracht hat. So vermeiden Sie eine Fehlinterpretation des Bildes.
Bedanken Sie sich für das Selbstporträt. Hinterfragen Sie noch einmal die Arbeitsweise. – Ich hatte «Testkinder» zu Gast, für die der Bogen zu klein war, obwohl sie nur ein Brustbild gemalt hatten. «Für die Haare ist kein Platz mehr!» tönte Jan nach sage und schreibe viereinhalb Minuten. Sein Bild war fertig! (II)
Monika meinte: «Ich kann nicht weitermalen, Sie haben kein Violett für das Muster in meinem Pulli!» (I)
Martin wollte unbedingt sein weißes Zwergkaninchen zeichnen: «Hilfst du mir dabei? Es soll auf meinem Schoß sitzen!» (III)

Überprüfen Sie, falls Ihnen Zweifel kommen, Ihre Entscheidung zu Abschnitt B. Verwechseln Sie liebevolles «Erzählen» nicht mit dem Hang zur Perfektion.

Das brauchen Sie
Einen Kugelschreiber
So gehen Sie vor
Durch diesen Abschnitt soll Ihr Kind Klaus und Susanne ganz vergessen. Es heißt jetzt: «Stell dir einmal vor, wir ziehen um.» Erwachsene, die ein ihnen anvertrautes Kind durch die Analyse führen, sagen: «Stell dir einmal vor, du und deine Familie, ihr zieht um.» Appelieren Sie an seine Vorstellungskraft. Machen Sie ihm verständlich, daß es nicht wirklich umziehen muß. Lesen Sie dem Kind die Situationsbeschreibung vor und danach die dazugehörigen Fragen. Durch seine Antwort erkennen Sie die Risikobereitschaft.

Die Situation

Klaus und Susanne haben den Umzug schon fast vergessen. Sie haben viel erlebt in der neuen Stadt. Mal waren sie fröhlich. Mal waren sie traurig. Das lag aber nicht an der neuen Stadt. Auch in der alten Stadt waren sie mal fröhlich und mal traurig. Das lag mal an diesem, mal an jenem. Mal an den Eltern. Mal an den Lehrern. Mal an den Freunden. Und oft auch an Klaus und Susanne selbst!

Aber vergiß jetzt Klaus und Susanne.

Stell dir einmal vor: «Wir ziehen um ...»

Sagen Sie Ihrem Kind noch einmal: «Stell dir vor, wir ziehen um ...»
Fragen Sie: «Was denkst du?»

Kreuzen Sie seine Antwort im entsprechenden Kästchen an.
Es muß sich für *eine* Aussage entscheiden!

Die Fragen	Die Antwort des Kindes	
Ich möchte nicht umziehen.		A
Das wird bestimmt aufregend.		B
Hoffentlich klappt alles.		C

Kapitel 6

Die Befragung des Kindes

Jetzt wird es ernst! – Trotzdem verspreche ich Ihnen, daß der folgende Befragungsteil für Sie und Ihr Kind zu einer vergnüglichen Angelegenheit wird.

Neun Abschnitte liegen vor Ihnen. Wieder finden Sie Anmerkungen vor jeder Situationsbeschreibung und danach die dazugehörigen Fragen. 24 davon werden Ihnen bekannt vorkommen. Sie haben sie im Elternbefragungsteil aus Ihrer Sicht beantwortet.

Versuchen Sie, Ihrem Sprößling die Situationen und Fragen «wertfrei» vorzulesen: Beeinflussen Sie ihn weder durch den Tonfall Ihrer Worte noch durch Zwischenbemerkungen, die Sie vielleicht für erforderlich halten.

Das Kind soll nicht – wie in der Schule – den Eindruck haben, daß es «richtige» und «falsche» Antworten gibt, daß eine ganz bestimmte Reaktion von ihm erwartet wird.

Beginnen Sie unbedingt mit dem ersten Abschnitt. Führen Sie Ihren Sprößling Schritt für Schritt durch die Analyse!

Das brauchen Sie
Einen Stift
So gehen Sie vor
Sie und Ihre Familie sind gerade umgezogen. Lesen Sie Ihrem Kind die Situationsbeschreibung vor. Danach die dazugehörigen Fragen. Einem Sohn lesen Sie vielleicht lieber das Wort «Freunde» vor, einer Tochter das Wort «Freundinnen». Die Antworten Ihres Sprößlings sagen Ihnen etwas über seine Kontaktfähigkeit. Personen, die ein ihnen anvertrautes Kind durch die Analyse führen, lesen als ersten Satz der Situationsbeschreibung: «Stell dir vor, du und deine Familie, ihr seid umgezogen.» Und weiter: «Deine Mutter hat dich in der neuen Schule angemeldet.» Und so weiter.

Die Situation

Stell dir vor: Wir sind umgezogen.
Nicht von einer Straßenseite auf die andere, sondern in eine andere Stadt.

Ich habe dich in der neuen Schule angemeldet. Den besten, sichersten Schulweg haben wir gemeinsam ausgekundschaftet.

Jetzt ist es Abend. Die Schultasche ist gepackt. Du liegst im Bett.

Morgen ist dein erster Schultag.

Sagen Sie Ihrem Kind noch einmal: «Morgen ist dein erster Schultag.»
Fragen Sie: «Wie fühlst du dich?»

Ihr Sprößling muß sich für *eine* Aussage entscheiden.
Sie machen ein Kreuz im dazugehörigen Kästchen.

Die Fragen	Die Antwort Ihres Kindes	
Dir ist unbehaglich zumute. Vielleicht bist du sogar ein bißchen ängstlich. Du überlegst, was wohl geschehen wird, wenn du in die Klasse kommst. Du kannst und kannst nicht einschlafen.		A
Oder meinst du: «Ich freue mich auf die neuen Klassenkameraden. Bestimmt werde ich unter ihnen viele Freunde (Freundinnen) finden.» Aber du schläfst schon fast und magst gar nicht mehr denken.		B
Oder bist du noch ganz aufgeregt und meinst: «Ich bin gespannt auf die Typen in der Klasse. Wenn die in Ordnung sind und alles mitmachen, werde ich bestimmt viel Spaß haben.»		C

Das brauchen Sie
Einen Stift
So gehen Sie vor
Ihr Kind steht zum erstenmal in seiner neuen Klasse. Es darf sich aussuchen, wo es sitzen möchte. Lesen Sie ihm die Situationsbeschreibung vor. Statt der gewohnten Fragen finden Sie diesmal einen Klassenspiegel. Ich habe eine absolut unzeitgemäße Sitzordnung gewählt. Sie stammt noch aus meiner eigenen Schulzeit. Ich möchte vermeiden, daß sich Ihr Sprößling für den Platz entscheidet, auf dem er heute in seiner Klasse sitzt. Ziel der Aufgabe ist das Verdeutlichen der Kontaktfähigkeit.

Die Situation
Stell dir vor: Es ist soweit! – Zum erstenmal stehst du in deiner neuen Klasse. Du siehst 30 Plätze und darauf 24 Kinder. Alle 24 stehen und begrüßen dich. Kleine Kinder. Große Kinder. Dicke Kinder. Dünne Kinder. Voran der Lehrer. Er kommt dir freundlich entgegen und sagt: «Da ist ja unser Neuling! Wir haben noch 6 freie Plätze in der Klasse. Du darfst dir einen davon aussuchen. Zeig mir, auf welchem du sitzen möchtest.»

Sagen Sie Ihrem Kind noch einmal: «Dies ist deine neue Klasse.»
Zeigen Sie ihm die sechs leeren Plätze und fragen Sie: «Auf welchem Platz möchtest du am liebsten sitzen?»

Warten Sie auf seine Antwort und kreuzen Sie *eine* der sechs Möglichkeiten an.

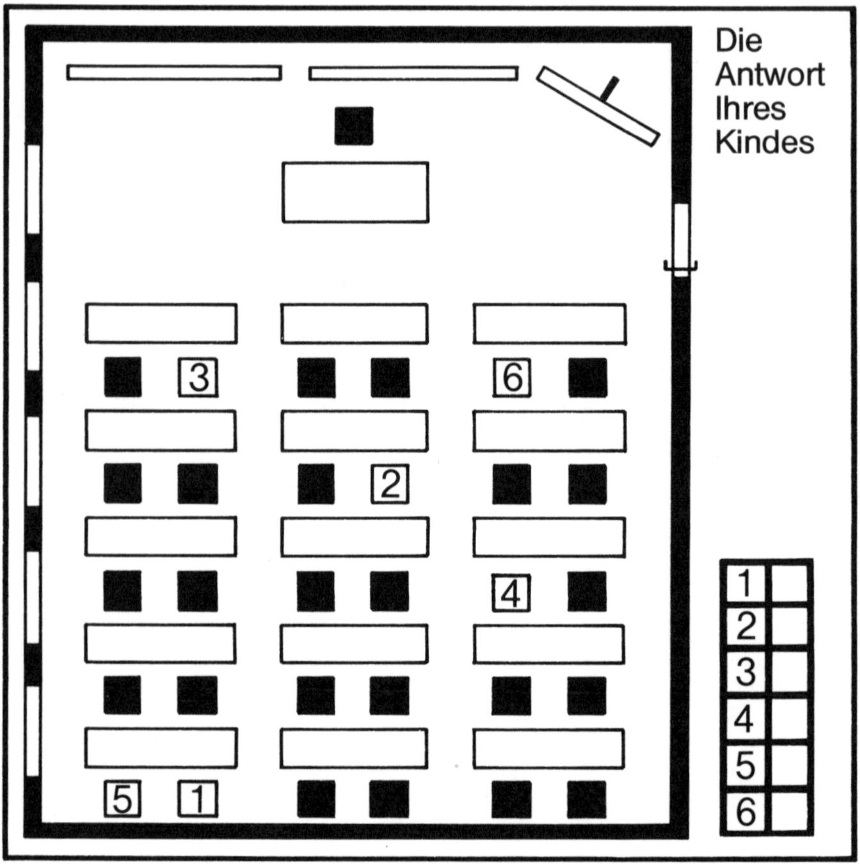

Das brauchen Sie
Einen Stift Ein Blatt Papier für Ihre Notizen
So gehen Sie vor
Dieser Abschnitt fordert besondere Konzentration. Die Merkfähigkeit Ihres Kindes wird arg strapaziert. Lesen Sie ihm die Situationsbeschreibung vor. Danach die sechs Feststellungen von Klassenkameradinnen und Klassenkameraden zu seinen Reaktions- und Verhaltensweisen. Legen Sie ein Blatt Papier zurecht. Fragen Sie nach der jeweiligen Aussage: «Hat Andrea recht?» – «Hat Beate recht?» usw. Notieren Sie das JA oder NEIN Ihres Kindes. Wiederholen Sie die Aussagen so lange, bis es sich eindeutig für drei entschieden hat. Das spontane Identifizieren mit persönlichen Eigenarten ist erwünscht.

Die Situation

Es gefällt dir in der Schule.
Es dauert gar nicht lange, und du merkst, daß es in der Klasse nicht nur kleine und große, dicke und dünne Kinder gibt, sondern auch freundliche und weniger freundliche. Mutige und weniger mutige. Fleißige und weniger fleißige. Und alle möchten gemocht werden. Wie du!

Jeden Tag entdeckst du Neues an deinen Mitschülern. Aber auch deine Mitschüler lernen dich jeden Tag ein bißchen besser kennen.

Andrea, Beate, Christiane, Daniel, Eddy und Felix sprechen über dich …

Sagen Sie Ihrem Kind noch einmal: «Andrea, Beate, Christiane, Daniel, Eddy und Felix sprechen über dich.» Fragen Sie: «Wer hat recht?»

Wiederholen Sie die Aussagen der sechs Kinder so lange, bis sich Ihr Sprößling für *drei* entschieden hat. Kreuzen Sie diese in den dazugehörigen Kästchen an. Bitte, nicht mehr und nicht weniger als *drei*!

Die Fragen	Die Antworten Ihres Kindes	
Andrea meint: Du sagst jedem immer mitten ins Gesicht, was du denkst; vergißt aber völlig, daß du damit andere kränken kannst.		A
Beate meint: Du getraust dich nicht, jemand anderen zu fragen: «Willst du mein Freund (meine Freundin) sein?» Weil du Angst hast, daß er (sie) nein sagen könnte.		B
Christiane erklärt: Dir mag man alles erzählen, weil du zuhören kannst und nicht immer nur von dir selbst erzählen willst.		C
Daniel sagt: Du hast vor nichts und vor niemandem Angst. Bei dir ist immer etwas Aufregendes los.		D

(Vergessen Sie Eddy und Felix auf der nächsten Seite nicht!)

	Die Fragen	Die Antworten Ihres Kindes
E	Eddy sagt: Lärmen und Toben magst du nicht. Du denkst in der Pause schon an das, was du nach der Schule machen könntest.	
F	Felix meint: Du weißt morgens schon, was es mittags zu essen gibt. Du wünschst dir immer etwas Extrafeines.	

Das brauchen Sie
Einen Stift
So gehen Sie vor
Lesen Sie Ihrem Sprößling die Situationsbeschreibung vor. Danach die dazugehörigen Fragen. Im Elternbefragungsteil haben Sie versucht, das Temperament Ihres Kindes zu beschreiben. – Jetzt soll es sich selbst richtig erkennen. Es darf Lehrer spielen und seine Antwort geben, indem es Ihren Fragen Noten gibt.

Die Situation

Die Schule ist aus.
Hungrig läufst du nach Hause.

Es ist dir zwar egal, was andere über dich denken, doch es will dir einfach nicht aus dem Kopf gehen, was Andrea, Beate, Christiane, Daniel, Eddy und Felix gesagt haben . . .

«Wie bin ich denn, wie bin ich denn, wie bin ich denn, wie bin ich denn?» rauscht es in deinem Kopf.

Fragen Sie Ihr Kind: «Ja, wie bist du denn?»
Sagen Sie ihm: «Du darfst Lehrer spielen und den Fragen Noten geben!
Wie du am häufigsten bist, der Frage gibst du eine 1.
Wie du manchmal bist, der Frage gibst du eine 2.
Wie du ganz selten bist, der Frage gibst du eine 3.

Schreiben Sie die Zahlen in das entsprechende Kästchen.

Die Fragen	Die Antworten Ihres Kindes
Bist du ruhig?	
Bist du lebhaft?	
Bist du schüchtern?	

Das brauchen Sie
Einen Stift Zwei Handpuppen: Kasper und Seppel oder zwei Stofftiere. Ersatz: Zwei Kochlöffel aus Holz
So gehen Sie vor
Dieser Abschnitt soll Aufschluß geben über die Reaktion Ihres Kindes bei Erregung. Jedes Kind kann man fuchsteufelswild machen. Nur, was das eine fast aus dem Häuschen bringt, läßt ein anderes noch völlig kalt. Ich habe jetzt eine kleine Aufgabe für Sie: Ergänzen Sie bitte meine Situation mit einer Begebenheit, von der Sie wissen, daß sie Ihren Sprößling besonders wütend macht. Lesen Sie ihm die vervollständigte Beschreibung vor oder erzählen Sie ihm diese. Danach soll er die Situation mit seinen zwei Kontrahenten klären. Auf seine ganz persönliche Art. So, so oder so ... Ergreifen Sie bitte nicht Partei. Verhalten Sie sich absolut neutral. Die Fragen sind diesmal nicht für Ihr Kind bestimmt, sondern für Sie.

Die Situation

Ob ruhig, lebhaft oder schüchtern: Jeder hat mal Ärger. Manchmal wird man sogar wütend oder richtig fuchsteufelswild. Das ist noch viel wütender als wütend!

Stell dir vor: . . . .

. . . .

. . . .

. . . .

. . . .

. . . .

. . . .

. . . .

. . . .

. . . .

. . . .

. . . .

. . . .

. . . .

. . . .

. . . .

. . . .

. . . .

. . . .

. . . .

Du bist fuchsteufelswild. Wütender als wütend!

Sagen Sie Ihrem Kind noch einmal:
«Du bist fuchsteufelswild, viel wütender als wütend!»
Geben Sie ihm die Handpuppen, Stofftiere oder Kochlöffel. Klären Sie die Fronten, indem Sie ihm erklären: «Dies ist . . ., und das bist du. – Und jetzt spiel das Ganze!»
Lesen Sie ihm die Fragen nicht vor! Lassen Sie ihm viel Zeit! Kreuzen Sie an, wie sich Ihr Sprößling *verhält.* Vergeben Sie Ihr Kreuz nicht vorschnell.

	Die Fragen	Ihre Antwort
A	Wird die Situation lautstark und handfest ausgefochten?	
B	Wird die Situation mit vielen Worten in aller Ruhe bereinigt?	
C	Wird die Situation mit spärlichen Worten oder stillschweigend nicht gelöst? Zieht sich Ihr Kind vielleicht sogar zurück?	

Das brauchen Sie
Einen Stift
So gehen Sie vor
Dieser Abschnitt soll die Reaktion Ihres Kindes bei Erregung noch verdeutlichen. Diesmal lesen Sie ihm die folgende Situationsbeschreibung vor und gleich danach die dazugehörigen Fragen. Reagiert Ihr Sprößling nicht so, wie er Ihrer Meinung nach und auf Grund des «Spiels» reagieren müßte, lassen Sie sich nichts anmerken. Kreuzen Sie seine Antwort an. Bitte korrigieren Sie Ihre Antwort zu Abschnitt 5 nicht!

Die Situation
So wie ich dich nicht überallhin mitnehmen kann, genauso kannst du mich nicht überallhin mitnehmen. So wie ich dir nicht immer alles erzählen muß, genauso mußt du mir nicht immer alles erzählen. Trotzdem sind wir zwei gern beieinander. Trotzdem sind wir zwei ein ganz klein bißchen neugierig. Ehrlich, Hand aufs Herz, was passiert, wenn du mal mit jemandem so richtig aneinandergeraten bist? Wegen irgendeiner Sache ... Was passiert meistens? Was passiert manchmal? Was passiert ganz selten? Klar, daß dieser Jemand etwa im gleichen Alter ist, genauso groß und kräftig wie du!

Fragen Sie Ihr Kind noch einmal: «Was passiert, wenn du mit jemandem so richtig aneinandergeraten bist?»
Sagen Sie ihm: «Du darfst wieder Lehrer spielen und meinen Fragen Noten geben!
Was meistens passiert, bekommt eine 1.
Was manchmal passiert, bekommt eine 2.
Was ganz selten passiert, bekommt eine 3.»

Schreiben Sie die Zahlen in das entsprechende Kästchen.

Die Fragen	Die Antworten Ihres Kindes
Schreist du das andere Kind an und gehst du so wütend darauf los, daß die Fetzen fliegen?	
Liegt es dir mehr, mit dem anderen in Ruhe zu reden, bis alles wieder in Ordnung ist?	
Oder drehst du dich um und redest kein Wort mehr mit dem anderen? Niemand soll sehen, daß du dich ärgerst.	

Das brauchen Sie
Einen Stift Ein Blatt Papier für Ihre Notizen
So gehen Sie vor
Jetzt kommen sechs Fragen auf Ihr Kind zu und fordern wieder besondere Aufmerksamkeit und Konzentration. Lesen Sie ihm die Situationsbeschreibung vor. Danach die Fragen, diesmal in Form von Verhaltensweisen. Legen Sie ein Blatt Papier zurecht. Lassen Sie Ihren Sprößling nach jeder einzelnen Aussage zustimmen oder ablehnen. Notieren Sie sein JA oder NEIN vor. Wiederholen Sie die Aussagen immer wieder. So lange, bis sich das Kind für genau drei entschieden hat.

Die Situation

Den Umzug hast du schon fast vergessen.
Die Schule macht dir Spaß. Na ja – nicht immer ...
Die schönste Zeit des Tages ist und bleibt die Freizeit.
Wenn die Hausaufgaben gemacht sind, kann man tausend schöne Dinge tun. Laut oder leise. Drinnen oder draußen. Allein oder zusammen mit anderen. In der Familie oder im Verein.

Sagen Sie Ihrem Kind: «Tausend Dinge kann ich dir nicht vorlesen. Aber ich lese dir sechs schöne Dinge vor. Such dir *drei* davon aus, die zu dir passen.»

Machen Sie ein Kreuz in die entsprechenden Kästchen. Bitte, kreuzen Sie nicht mehr und nicht weniger als *drei* an!

	Die Fragen	Die Antworten Ihres Kindes
A	Du bist gern mit deinen Freunden zusammen, dabei muß nicht alles nach deiner Nase gehen. Hauptsache, es gibt keinen Streit und alle haben eine schöne Zeit zusammen.	
B	Du überlegst nicht lange, sondern tust sofort, was dir einfällt. Du willst aber auch, daß die anderen begeistert mitmachen.	
C	Es macht dir Spaß, deine Sachen zu ordnen. Alles bekommt bei dir einen bestimmten Platz. Manchmal sortierst du sogar begeistert alles wieder um.	
D	Du denkst dir eine Menge Dinge aus, die du tun könntest. Es bleibt aber oft beim Ausdenken, weil du lange überlegst, was am besten wäre.	

Die Fragen	Die Antworten Ihres Kindes	
Du bist gern gemütlich zu Hause. Du liebst die ruhigen Beschäftigungen und träumst gern.		E
Still sitzen fällt dir schwer. Du brauchst Bewegung, um dich wohl zu fühlen.		F

Das brauchen Sie
Einen Stift
So gehen Sie vor
Lesen Sie dem Kind die Situationsbeschreibung vor. Danach die dazugehörigen Fragen. Ihr Sprößling soll Ihnen anvertrauen, ob er lieber mit jüngeren, gleichaltrigen oder älteren Kindern spielt. Überzeugen Sie sich aber durch ein Gespräch, daß er nicht danach entscheidet, welche Kinder zufällig in seiner Umgebung wohnen. Er muß unbedingt seiner Wunschvorstellung entsprechend antworten.

Die Situation
«Ich», das ist ein tolles Wort. «Ich und du» gefällt mir noch besser. Manchmal möchte man gern allein sein – aber ein ganzes Leben ohne Freunde und Freundinnen? Das wär nur halb so schön! Stell dir vor: Du hast einen großen Ball, und niemand spielt mit dir. Stell dir vor: Du hast eine Menge doppelter Briefmarken und niemand zum Tauschen. Stell dir vor: Du hast ein hübsches Poesiealbum, und niemand schreibt einen Vers hinein. Schrecklich! Schrecklich! Schrecklich!

Sagen Sie Ihrem Kind noch einmal:
«Ohne Freunde wär das Leben halb so schön.»
Fragen Sie:
«Mit welchen Kindern spielst du am liebsten?»

Kreuzen Sie seine Antwort im dazugehörigen Kästchen an.
Nur *eine* Antwort ist erlaubt!

	Die Fragen	Die Antwort Ihres Kindes
A	Spielst du gern mit Jüngeren?	
B	Kommst du mit Gleichaltrigen besonders gut zurecht?	
C	Bist du gern mit älteren Kindern oder Erwachsenen zusammen?	

Das brauchen Sie
Einen Stift Eine Schere Zwei Schüsseln: Nicht zu klein. Am besten aus Glas Ersatz: Ein leerer Schuhkarton mit Deckel
So gehen Sie vor
Der letzte Abschnitt der Befragung wird von Ihrem Kind «spielend» bewältigt. Ob Mädchen oder Junge, ein Aquarium fasziniert immer. Schneiden Sie sauber die Minifischseite heraus. Danach die hübschen Tierchen selbst. Alle neun geben ihre hervorstechendste Eigenart auf der Rückseite preis. – Alle neun kommen – aber bitte ohne Wasser! – in die eine Schüssel oder in die untere Hälfte des Schuhkartons. Die andere Schüssel oder den Deckel des Schuhkartons bekommt Ihr Sprößling. Lesen Sie ihm diesmal nur die Situationsbeschreibung vor. *Bitte nicht die Fragen aus der Tabelle!* Erst ganz zum Schluß, wenn Ihr Kind alle Fische angesehen und sortiert hat, sagen Sie ihm, daß es nur drei davon «behalten» darf. Es soll sich selbst in den Eigenarten «seiner» Fische erkennen ...

Die Situation

Nicht nur Freunde und Freundinnen gehören zu unserem Leben. Auch Tiere.

Stell dir vor:
Einer deiner neuen Freunde – nennen wir ihn einfach Martin – besitzt ein Aquarium. Das ist ein gläsernes Wasserbecken. Sozusagen ein Minimeer für Minifische.
Martin hat ganz besondere Fische in seinem Aquarium! Jeder sagt auf seiner Rückseite, was er von sich selber denkt: «Ich bin nicht gern allein!» sagt einer. Ein anderer: «Ich will der Erste und der Beste sein!» Und so weiter ...

Wir dürfen Martin besuchen, und, was noch schöner ist, er möchte dir alle die Fische schenken, die zu dir passen. Alle diejenigen, welche die gleichen Eigenarten besitzen wie du. Hier ist dein Wasserbecken. Schau dir alle Fische gut an! Ist einer wie du, setz ihn in dein Aquarium!
Ist er ganz anders, wirf ihn sofort wieder in Martins zurück!

Mit mir, da hat man selten Streit.

Es macht mir Spaß, zu helfen

Ich bin so ungeduldig.

Bei mir ist immer etwas los.

Ich bin gern ordentlich.

Es macht mir nichts aus, allein zu sein.

Ich will der Erste und der Beste sein.

Ich bin nicht gern allein.

Seufz! – Ich kann mich ja so schwer entscheiden.

Sagen Sie Ihrem Kind erst ganz zum Schluß, wenn es alle Fische ausgesucht hat, die zu ihm passen:
«Weißt du was, wir sollten nur *drei* Fische mitnehmen. Martin wird sonst ganz traurig! Schau dir jetzt alle, die in deinem Aquarium schwimmen, noch einmal an. Entscheide dich dann für diejenigen, die dir am allerähnlichsten sind!»

Kreuzen Sie die *drei Fische* an, für die sich Ihr Sprößling letztendlich entschieden hat.

Die Fragen	Die Antwort Ihres Kindes	
Ich bin nicht gern allein.		A
Ich bin so ungeduldig.		B
Mit mir, da hat man selten Streit.		C
Ich bin gern ordentlich.		D
Ich will der Erste und der Beste sein.		E
Es macht mir Spaß, zu helfen.		F
Bei mir ist immer etwas los.		G
Es macht mir nichts aus, allein zu sein.		H
Seufz! – Ich kann mich ja so schwer entscheiden.		I

Kapitel 7

Auswertungsteil
Grün, Rot und Blau: Drei Farben, drei Komponenten

Von Professor Paul MacLean, dem Leiter des Staatlichen Instituts für Gehirn- und Verhaltensforschung in den USA, haben wir erfahren, daß der Mensch nicht ein Gehirn hat, sondern drei Gehirne, die trotz großer Unterschiede in Aufbau und Funktion als «dreieiniges» Gehirn zusammenarbeiten. Und wie das nun einmal so ist, manchmal auch gegeneinander arbeiten.

Ich meine, wir sollten die einzelnen Bereiche noch einmal kurz ansprechen. Rolf W. Schirm hat sie in seinem Werk ‹*Strukturen der Persönlichkeit*› so skizziert:

«Das Stammhirn ist das erste und älteste Gehirn. Es ist das Gehirn der Verfügung über die Vergangenheit, Speicher der Erfahrungen von Jahrmilliarden des Lebens, Sitz der Urinstinkte, Begierden und Lebensprogramme, der Selbsterhaltung und Arterhaltung.

Das Zwischenhirn ist das zweite Gehirn. Es ist das Gehirn der Verfügung über die Gegenwart, des blitzschnellen Reagierens auf den Augenblick, das Gehirn der Emotionen zwischen Angst und Aggression, der Selbstbehauptung gegenüber der Umwelt.

Das Großhirn ist das dritte, jüngste Gehirn. Es ist das Gehirn der Verfügung über die Zukunft, der Möglichkeit des bewußt planenden, vorsorgenden Handelns, das Gehirn der Abstraktionen und logischen Verknüpfungen, des Selbstbewußtseins und der Individualität.»

Das Verdienst Schirms ist es, aus den drei Komponenten Sheldons und den drei Gehirnen MacLeans das Struktogramm entwickelt zu haben. Es macht mit drei Farben das Zusammenspiel der drei Komponenten wie der drei Gehirne deutlich. Es wird graphisch sichtbar gemacht durch drei Sektoren eines Kreises. An ihm läßt sich die Grundstruktur der Persönlichkeit ablesen.

1 = Stammhirn 2 = Zwischenhirn 3 = Großhirn

Schirm benutzt – wie vor ihm schon MacLean – die Farbe

Grün ✻ für das Stammhirn
Rot ✻ für das Zwischenhirn
Blau ✻ für das Großhirn

Er sagt zu seiner Arbeit: «Diese Darstellungsweise hat zwei Vorteile: Einmal prägt sich dieses ikonographische Bild viel besser ein als Zahlen, Punktwerte oder ähnliche ‹Testergebnisse›. Damit bietet es allen drei Hirnbereichen einen Zugang: Man kann über sein Struktogramm ebenso nachdenken wie meditieren. Zum anderen aber macht dieses Kreisbild einen Zusammenhang klar, der oft übersehen wird: Wenn sich eine Komponente vergrößert, so kann sie das nur tun, indem sich andere verkleinern …»

Solange ich die Arbeit Rolf W. Schirms kenne, solange fasziniert sie mich auch. Die Sparsamkeit der verwendeten Mittel und gleichzeitig die Genauigkeit des Ergebnisses haben es mir angetan.

Es gibt auch für mich keine andere Form, die das «Spiel» der drei Gehirne besser deutlich macht, als den Schirmschen Drei-Farben-Kreis. Ich habe aus seinem Kreis eine «Kindergeburtstagstorte mit 36 gleich großen Stückchen» gemacht.

Die Zutaten meiner «Torte» kennen Sie bereits. Jetzt möchte ich Sie mit der Handhabung vertraut machen …

Auswertung der Elternbefragung

Sie haben im Elternbefragungsteil Ihre Kreuze gemacht und Ihre Noten vergeben. Jetzt wollen Sie diese in ein lesbares Ergebnis verwandeln. Dazu brauchen Sie einen Bleistift oder Kugelschreiber und Filzstifte.

Auf Seite 107 finden Sie den Auswertungsbogen der Elternbefragung. Wenn Sie mögen, können Sie ihn aus dem Buch herausschneiden. Sie brauchen dann nicht immer hin- und herzublättern.

Tragen Sie dort Abschnitt für Abschnitt die in den Tabellen ermittelten Werte in die für Grün, Rot und Blau vorgesehenen Kästchen ein.

Übrigens: Für den Fall, daß Ihre Familie etwas größer ist, habe ich für drei Kinder Bogen vorbereitet.

Damit Sie alles richtig machen, gebe ich Ihnen jetzt für jeden Abschnitt ein Beispiel. Überprüfen Sie es an Hand der jeweiligen Tabelle. Machen Sie sich so mit dem System vertraut. Am Beispiel «Ihres» Phantasiekindes Helga:

		Komponente >	grün	rot	blau
Abschnitt	Ihre Antworten z. B.	Grundwert >	12	12	12
1	B		+ 2	− 1	− 1
2	A, B, D (Reihe 3)		− 2	+ 2	0
3	Noten 1, 3, 2		+ 2	− 2	0
4	Noten 3, 1, 2		+ 2	− 2	0
5	C, D, E (Reihe 10)		0	− 2	+ 2
6	A		+ 2	− 1	− 1
Sie kommen zum Ergebnis:			18 grün	6 rot	12 blau

Sie rechnen also, ausgehend vom Grundwert 12, für jede Komponente die Änderungen Abschnitt für Abschnitt hinzu oder ab.

Das so ermittelte Ergebnis der Elternbefragung können Sie dann optisch verdeutlichen, indem Sie im Uhrzeigersinn die einzelnen Stückchen der Torte ausmalen. Zuerst die grünen, dann die roten und zum Schluß die blauen.

Nehmen Sie wieder Phantasiekind Helgas Bild der Persönlichkeit als Beispiel: Die Stückchen 1 bis 18 der Torte sind grün, 19 bis 24 rot und 25 bis 36 blau. Demnach ist Helgas Hauptkomponente grün. Die Zweitkomponente blau. Die schwächste rot.

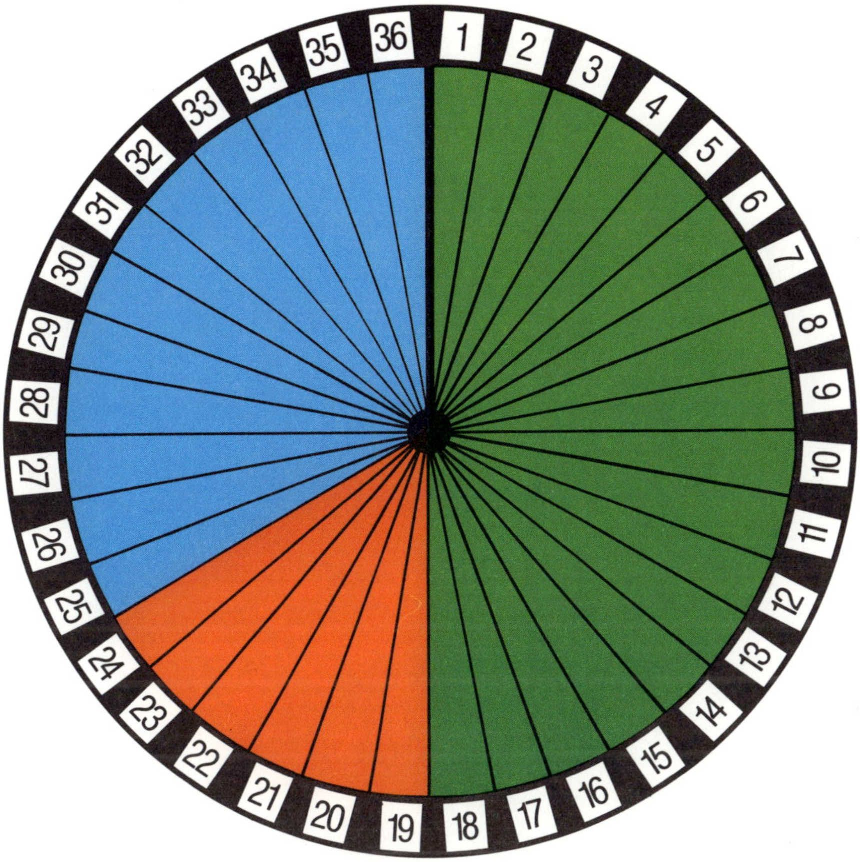

Haben Sie den Auswertungsbogen der Elternbefragung aus dem Buch herausgeschnitten, sollten Sie ihn jetzt wieder Schnittkante auf Schnittkante festkleben, damit er nicht verlorengeht.

Erkenne dein Kind – Auswertung der Elternbefragung									
Ihr Kind:							Datum		
Abschnitt	Bezugsperson Nr. 1			Bezugsperson Nr. 2			Bezugsperson Nr. 3		
	grün	rot	blau	grün	rot	blau	grün	rot	blau
	12	12	12	12	12	12	12	12	12
1									
2									
3									
4									
5									
6									
Ergebnis									
Kind									
	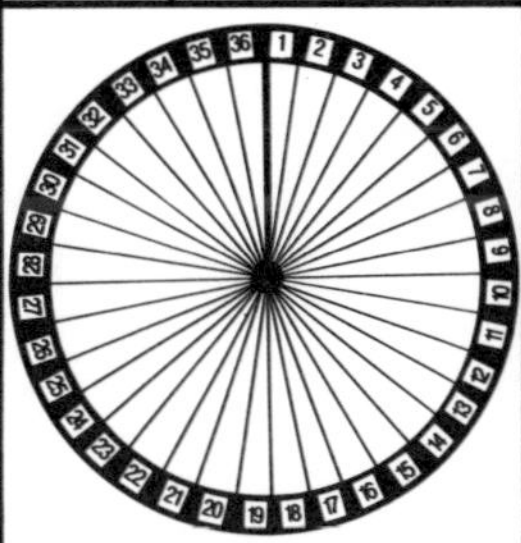			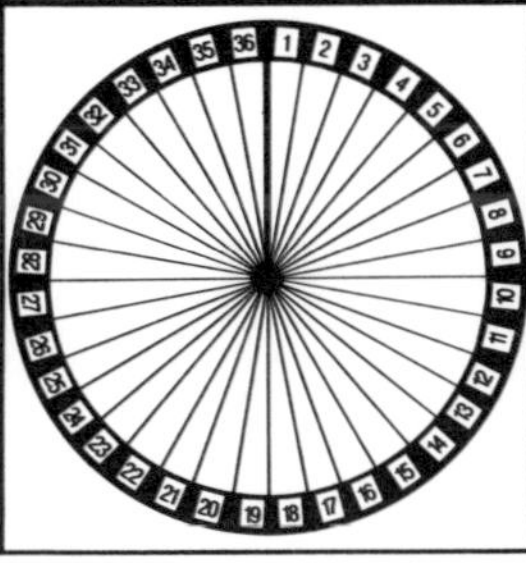			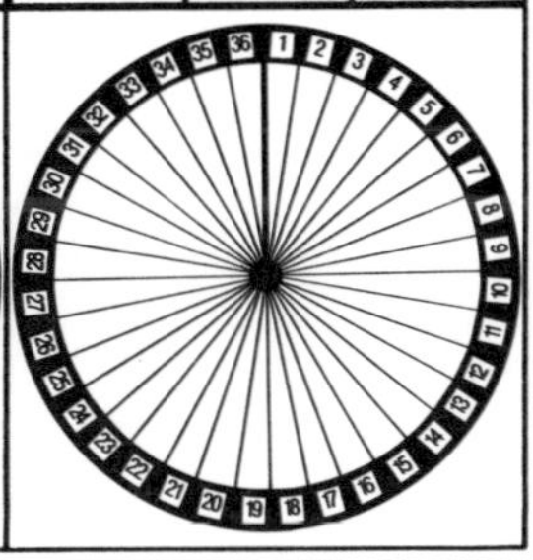		

Erkenne dein Kind – Auswertung der Elternbefragung									
Ihr Kind:							Datum		
Abschnitt	Bezugsperson Nr. 1			Bezugsperson Nr. 2			Bezugsperson Nr. 3		
	grün	rot	blau	grün	rot	blau	grün	rot	blau
	12	12	12	12	12	12	12	12	12
1									
2									
3									
4									
5									
6									
Ergebnis									
Kind									
	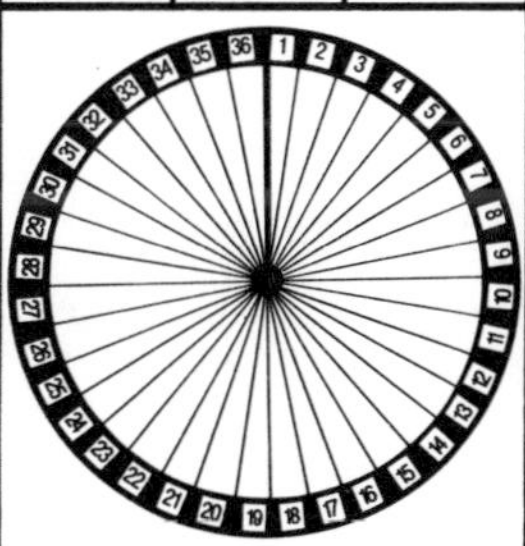			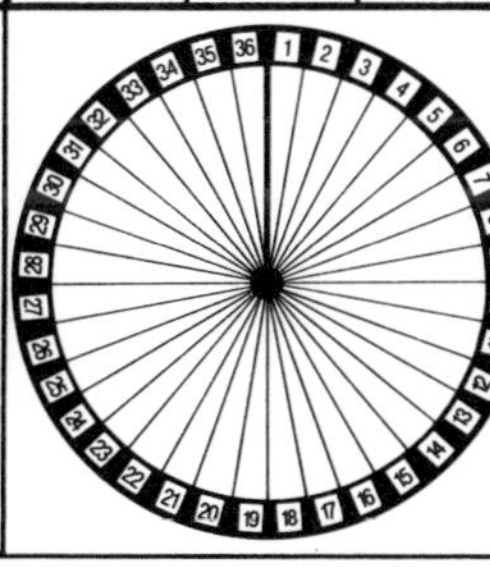			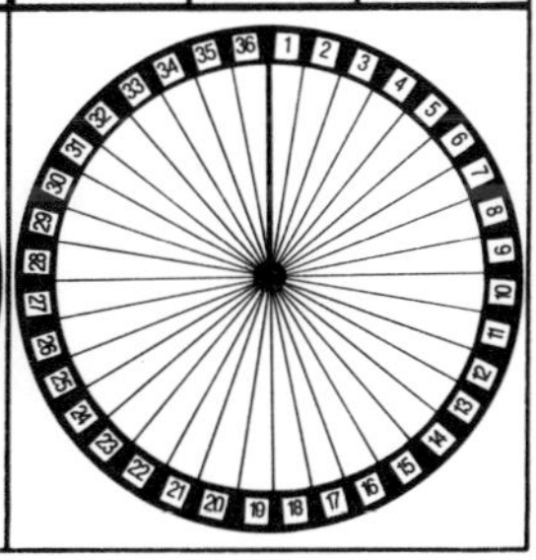		

**Erkenne dein Kind –
Auswertung der Elternbefragung**

Ihr Kind: | Datum

Abschnitt	Bezugsperson Nr. 1			Bezugsperson Nr. 2			Bezugsperson Nr. 3		
	grün	rot	blau	grün	rot	blau	grün	rot	blau
	12	12	12	12	12	12	12	12	12
1									
2									
3									
4									
5									
6									
Ergebnis									
Kind									
				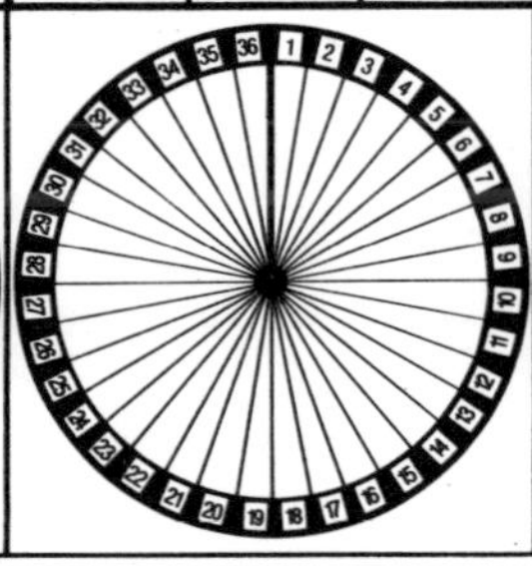			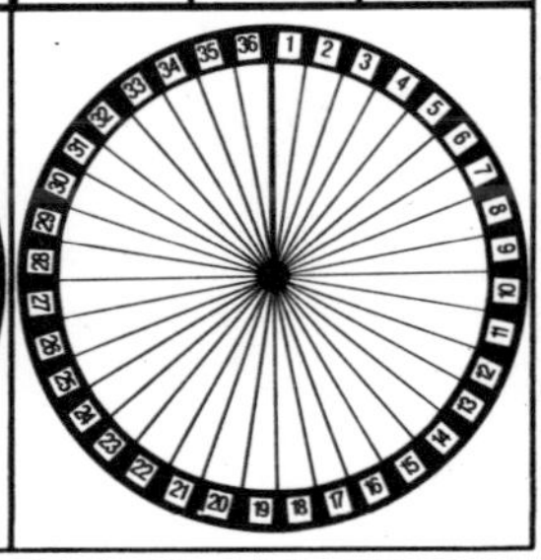		

Elternbefragung I

Abschnitt 1

Ihr Kreuz	grün	rot	blau
A	−1	−1	+2
B	+2	−1	−1
C	−1	+2	−1

Abschnitt 2

	Kombinationsmöglichkeiten mit Wertung												
	1	2	3	4	5	6	7	8	9	10	11	12	Alle übrigen Möglichkeiten
A	X	X	X	X			X		X				
B			X		X	X	X	X			X		
C	X				X				X	X	X	X	
D	X	X	X	X				X		X			
E				X	X	X	X	X				X	
F		X				X			X	X	X	X	
grün	0	0	−2	−2	0	0	−2	−2	+2	+2	+2	+2	0
rot	+2	+2	+2	+2	−2	−2	0	0	0	0	−2	−2	0
blau	−2	−2	0	0	+2	+2	+2	+2	−2	−2	0	0	0

Elternbefragung II

Abschnitt 3

	Ihre Benotungen					
	1	1	2	2	3	3
	2	3	1	3	1	2
	3	2	3	1	2	1
grün	+2	+2	0	0	–2	–2
rot	0	–2	+2	–2	+2	0
blau	–2	0	–2	+2	0	+2

Abschnitt 4

	1	1	2	2	3	3
	2	3	1	3	1	2
	3	2	3	1	2	1
grün	0	–2	+2	–2	+2	0
rot	+2	+2	0	0	–2	–2
blau	–2	0	–2	+2	0	+2

Elternbefragung III

Abschnitt 5

	Kombinationsmöglichkeiten mit Wertung												
	1	2	3	4	5	6	7	8	9	10	11	12	Alle übrigen Möglichkeiten
A	X	X	X	X	X				X				
B	X				X	X	X	X			X		
C			X				X		X	X	X	X	
D				X				X	X	X	X	X	
E	X	X	X	X		X				X			
F		X			X	X	X	X				X	
grün	+2	+2	+2	+2	0	0	−2	−2	0	0	−2	−2	0
rot	0	0	−2	−2	+2	+2	+2	+2	−2	−2	0	0	0
blau	−2	−2	0	0	−2	−2	0	0	+2	+2	+2	+2	0

Abschnitt 6

Ihr Kreuz	grün	rot	blau
A	+2	−1	−1
B	−1	+2	−1
C	−1	−1	+2

Auswertung des Vorbereitungsteils und der Befragung des Kindes

Beide Teile finden Sie zusammen auf einem Auswertungsbogen. Wenn Sie mögen, schneiden Sie ihn wieder vorsichtig aus dem Buch heraus. Vergessen Sie aber auch diesmal nicht, ihn später wieder einzukleben.

Schauen Sie sich den Bogen an. Sie sehen, daß er zweigeteilt ist:

Links: Hier wird die eigentliche Strukturanalyse ausgewertet, die im Aufbau der Elternbefragung entspricht. Die Abschnitte 1, 3, 4, 6, 7 und 8 der Befragung des Kindes.
Gehen Sie vor wie bei der Auswertung der Elternbefragung. Der Grundwert ist 12. Rechnen Sie wieder die Änderungen je Komponente Abschnitt für Abschnitt zu oder ab. Vielleicht lesen Sie die Gebrauchsanweisung noch einmal durch.

Rechts: Hier werden die Abschnitte A, B und C des Vorbereitungsteils und die Abschnitte 2, 5 und 9 der Befragung des Kindes zusätzlich gewertet. Ausgangspunkt ist 0. Sie tragen die ermittelten Punkte ein und zählen sie zusammen. Das Ergebnis hat Kontrollfunktion. Es soll nur die Hauptkomponente Ihres Kindes bestätigen.
Zeigt die Zusatzwertung eine andere Farbe als Hauptkomponente an, sollten Sie die Analyse zur Früherkennung der Persönlichkeitsstruktur zu einem späteren Zeitpunkt mit Ihrem Sprößling wiederholen. Es könnte sein, daß er diesmal zumindest zeitweise verspielt oder unkonzentriert war.

Erkenne dein Kind – Eine Analyse zur Früherkennung der Persönlichkeitsstruktur						
Ihr Kind:				Jahre	Datum	
Wertungsteil	Auswertung der Analyse			Zusatzwertung		
Komponenten	grün	rot	blau	grün	rot	blau
Grundwert	12	12	12	0	0	0
Vorbereitungsteil						
Abschnitt A						
Abschnitt B						
Abschnitt C						
Befragungsteil						
Abschnitt 1						
Abschnitt 2						
Abschnitt 3						
Abschnitt 4						
Abschnitt 5						
Abschnitt 6						
Abschnitt 7						
Abschnitt 8						
Abschnitt 9						
Gesamtwertung						
Hauptkomponente(X)						

Erkenne dein Kind – Eine Analyse zur Früherkennung der Persönlichkeitsstruktur						
Ihr Kind:				Jahre	Datum	
Wertungsteil	Auswertung der Analyse			Zusatzwertung		
Komponenten	grün	rot	blau	grün	rot	blau
Grundwert	12	12	12	0	0	0
Vorbereitungsteil						
Abschnitt A						
Abschnitt B						
Abschnitt C						
Befragungsteil						
Abschnitt 1						
Abschnitt 2						
Abschnitt 3						
Abschnitt 4						
Abschnitt 5						
Abschnitt 6						
Abschnitt 7						
Abschnitt 8						
Abschnitt 9						
Gesamtwertung						
Hauptkomponente(X)						

Erkenne dein Kind – Eine Analyse zur Früherkennung der Persönlichkeitsstruktur						
Ihr Kind:				Jahre	Datum	
Wertungsteil	Auswertung der Analyse			Zusatzwertung		
Komponenten	grün	rot	blau	grün	rot	blau
Grundwert	12	12	12	0	0	0
Vorbereitungsteil						
Abschnitt A						
Abschnitt B						
Abschnitt C						
Befragungsteil						
Abschnitt 1						
Abschnitt 2						
Abschnitt 3						
Abschnitt 4						
Abschnitt 5						
Abschnitt 6						
Abschnitt 7						
Abschnitt 8						
Abschnitt 9						
Gesamtwertung						
Hauptkomponente(X)						

Vorbereitungsteil

Abschnitt A

Ihr Kreuz	grün	rot	blau
A	0	0	+1
B	+1	0	0
C	0	+1	0

Abschnitt B

Ihr Kreuz	grün	rot	blau
A	0	0	+1
B	0	+1	0
C	+1	0	0

Vorbereitungsteil

Abschnitt C

Ihr Kreuz	grün	rot	blau
A	+1	0	0
B	0	+1	0
C	0	0	+1

Die Befragung des Kindes

Abschnitt 1

Ihr Kreuz	grün	rot	blau
A	–1	–1	+2
B	+2	–1	–1
C	–1	+2	–1

Die Befragung des Kindes

Abschnitt 2

	Wo möchtest Du sitzen?					
Platz	1	2	3	4	5	6
grün	0	+1	0	+1	0	0
rot	0	0	+1	0	0	+1
blau	+1	0	0	0	+1	0

Abschnitt 3

	Kombinationsmöglichkeiten mit Wertung												
	1	2	3	4	5	6	7	8	9	10	11	12	Alle übrigen Möglichkeiten
A	X	X	X	X			X		X				
B			X		X	X	X	X			X		
C	X				X				X	X	X	X	
D	X	X	X	X				X		X			
E				X	X	X	X	X				X	
F		X				X			X	X	X	X	
grün	0	0	–2	–2	0	0	–2	–2	+2	+2	+2	+2	0
rot	+2	+2	+2	+2	–2	–2	0	0	0	0	–2	–2	0
blau	–2	–2	0	0	+2	+2	+2	+2	–2	–2	0	0	0

Die Befragung des Kindes

Abschnitt 4

	Die «Noten» des Kindes					
	1	1	2	2	3	3
	2	3	1	3	1	2
	3	2	3	1	2	1
grün	+2	+2	0	0	–2	–2
rot	0	–2	+2	–2	+2	0
blau	–2	0	–2	+2	0	+2

Abschnitt 5

Ihr Kreuz	grün	rot	blau
A	0	+1	0
B	+1	0	0
C	0	0	+1

Die Befragung des Kindes

Abschnitt 6

	Die «Noten» des Kindes					
	1	1	2	2	3	3
	2	3	1	3	1	2
	3	2	3	1	2	1
grün	0	–2	+2	–2	+2	0
rot	+2	+2	0	0	–2	–2
blau	–2	0	–2	+2	0	+2

Abschnitt 7

	Kombinationsmöglichkeiten mit Wertung												
	1	2	3	4	5	6	7	8	9	10	11	12	Alle übrigen Möglichkeiten
A	X	X	X	X	X				X				
B	X				X	X	X	X			X		
C			X				X		X	X	X	X	
D				X				X	X	X	X	X	
E	X	X	X	X		X				X			
F		X			X	X	X	X				X	
grün	+2	+2	+2	+2	0	0	–2	–2	0	0	–2	–2	0
rot	0	0	–2	–2	+2	+2	+2	+2	–2	–2	0	0	0
blau	–2	–2	0	0	–2	–2	0	0	+2	+2	+2	+2	0

Die Befragung des Kindes

Abschnitt 8

Ihr Kreuz	grün	rot	blau
A	+2	–1	–1
B	–1	+2	–1
C	–1	–1	+2

Abschnitt 9

	Wer kommt in Dein Aquarium?								
	A	B	C	D	E	F	G	H	I
grün	+2	0	+2	0	0	+2	0	0	0
rot	0	+2	0	0	+2	0	+2	0	0
blau	0	0	0	+2	0	0	0	+2	+2

Tragen Sie bitte jetzt die Ergebnisse der einzelnen Abschnitte in die Auswertungstabelle ein

Die Persönlichkeitsstruktur Ihres Kindes

Haben Sie die Gesamtwertung ermittelt und wurde die Hauptkomponente Ihres Kindes in der Zusatzwertung bestätigt, malen Sie die «Riesentorte» Stück für Stück entsprechend der Komponentenverteilung aus. Im Uhrzeigersinn grün, rot und blau. Vielleicht hat Ihr Sprößling Spaß daran, das «Bild seiner Persönlichkeit» selbst auszumalen. Die Filzstifte «dünn» aus dem Vorbereitungsteil der Analyse sind bestimmt noch nicht aufgebraucht.

Vielleicht schauen Sie sich vorher noch einmal gemeinsam das Bild von der Persönlichkeit Ihres Phantasiekindes Helga an (Auswertung der Elternbefragung, Seite 105).

Im Kästchen «Bemerkungen» notieren Sie selbst kleine Verhaltensauffälligkeiten während der Analyse. Sollten Sie diese zu einem späteren Zeitpunkt wiederholen, werfen Sie vorher einen Blick auf Ihre Aufzeichnungen.

Lesen Sie jetzt das Kapitel 8. Sie erfahren, was die Komponentenverteilung für Ihren Sohn oder Ihre Tochter bedeutet.

Erkenne dein Kind –
Das Bild der Persönlichkeitsstruktur Ihres Kindes

Ihr Kind:	Jahre	Datum

Befragt durch:

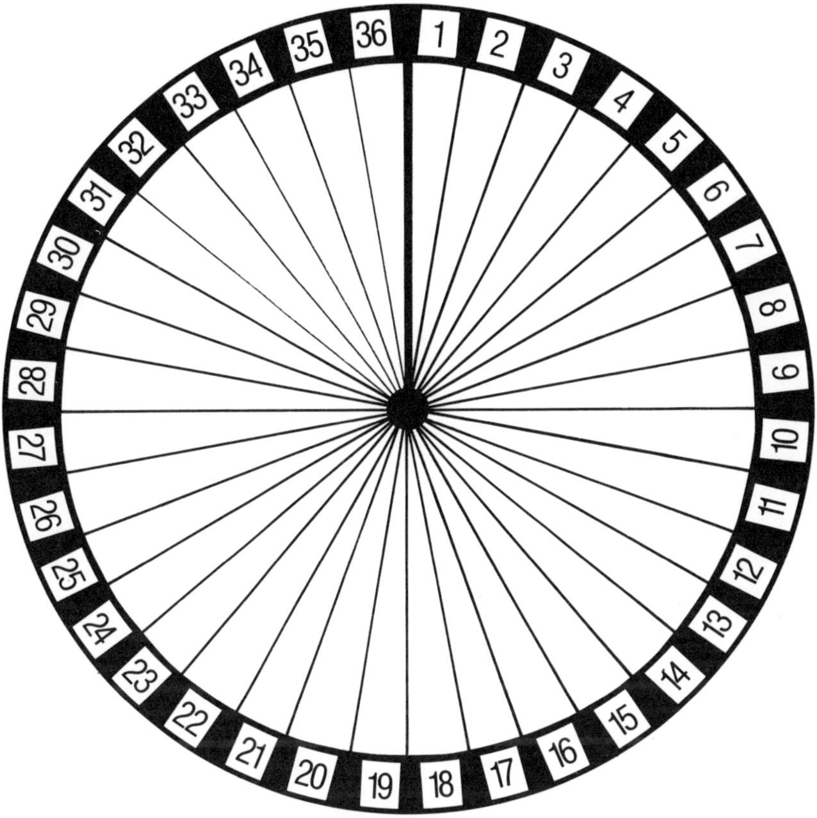

grün		rot		blau	

Bemerkungen:

Erkenne dein Kind –
Das Bild der Persönlichkeitsstruktur Ihres Kindes

Ihr Kind:	Jahre	Datum

Befragt durch:

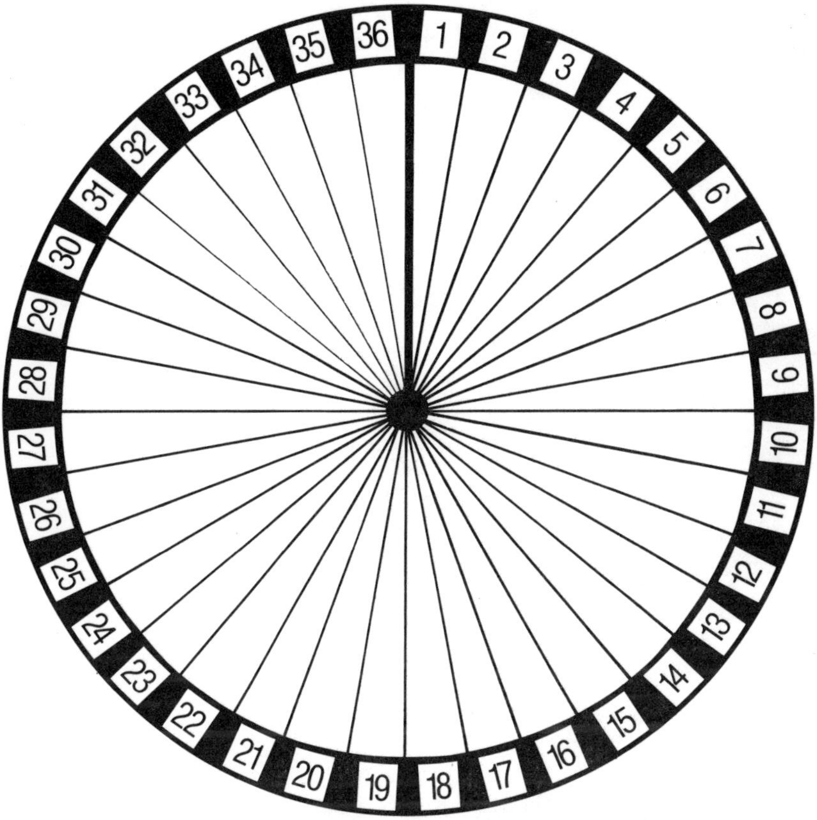

grün		rot		blau	

Bemerkungen:

Erkenne dein Kind –
Das Bild der Persönlichkeitsstruktur Ihres Kindes

Ihr Kind:	Jahre	Datum
Befragt durch:		

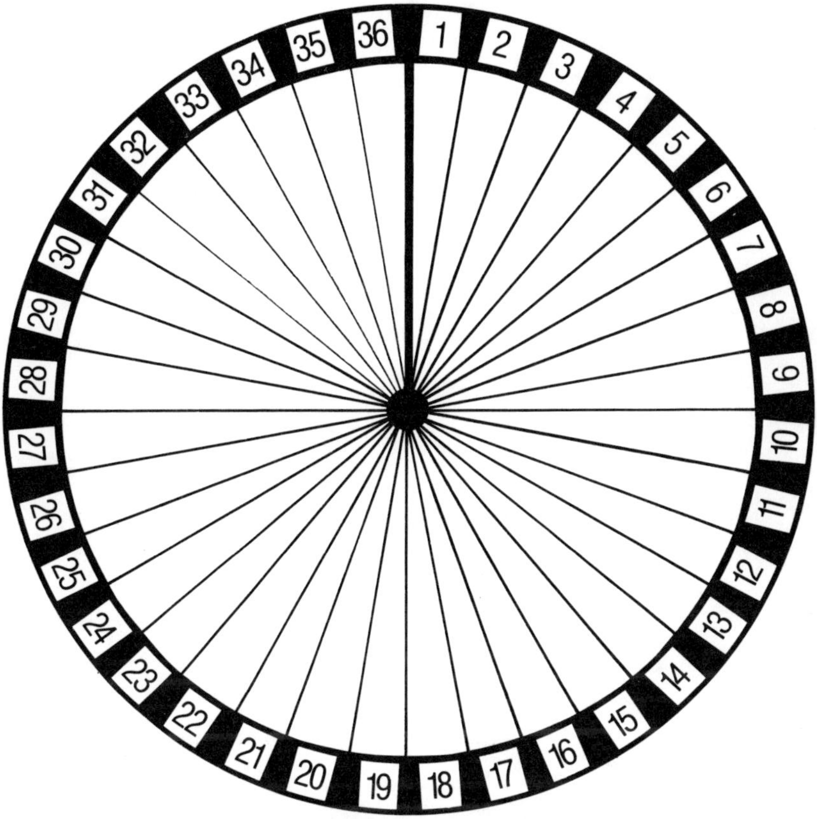

grün		rot		blau	

Bemerkungen:

Kapitel 8

Der Drei-Farben-Kreis

Die Komponenten sind annähernd gleich

Wenn Sie nach Auswertung der Strukturanalyse festgestellt haben, daß die Farben Grün, Rot, Blau und damit die drei Komponenten des Kindes annähernd gleich verteilt sind, dürfen Sie davon ausgehen, daß seine Persönlichkeit ausgeglichen ist.

Das heißt: Ob Mädchen oder Junge, es ist anpassungsfähig und wird mal die eine, mal die andere Seite seines Wesens zeigen.
Ob Mädchen oder Junge, es kann über die ganze Palette der Verhaltensmöglichkeiten verfügen und ist so für alle Lebenslagen gut gerüstet.
Ob Mädchen oder Junge, es ist ihm gegeben, jede Situation und jede Aufgabe mit Intuition und Fingerspitzengefühl anzugehen, das praktisch Machbare zu begreifen und systematisch zu ordnen.

Sie sehen die Vielseitigkeit Ihres Sprößlings, gegründet auf gleich starken, aber ganz unterschiedlichen Eigenarten.

Wundern Sie sich deshalb nicht, wenn er sich oftmals hin und her gerissen fühlt.

Helfen Sie ihm diplomatisch bei Entscheidungen, aber bewahren Sie ihn vor *Über-Anpassung!*

Das sorgfältige Lesen und Verarbeiten der Kapitel 9, 10 und 11 ist für Sie, Ihren Partner und gegebenenfalls für den Lehrer oder Heimerzieher ein absolutes Muß. Alle drei Kapitel zusammen werden Ihnen helfen, das Bild von der Persönlichkeitsstruktur des Kindes zu deuten.

Die Komponenten sind ungleich verteilt

Sollten Sie festgestellt haben, daß eine Farbe sich bei Ihrem Sprößling besonders breitgemacht hat, daß eine Komponente dominiert, dann ist seine Persönlichkeitsstruktur einseitiger festgelegt.

Ist der Anteil dieser Farbe im Verhältnis zu den beiden anderen besonders groß, so werden Sie die Eigenarten dieser Farbe, dieser Komponente, auch verstärkt an ihm bemerken.

Die Parole lautet also: Je größer der Vorsprung einer Komponente, um so ausgeprägter die dazugehörigen Eigenarten und ihr Einfluß auf die Entwicklung des Kindes.

Wachen Sie darüber, daß die Ziele Ihres Sprößlings stets in Richtung seiner stärksten Komponente – seiner Hauptkomponente – gesteckt sind. Er wird dann glücklich und erfolgreich sein Leben meistern können.

Lesen Sie zuerst das Kapitel, in dem ich versucht habe, die Hauptkomponente Ihres Kindes zu beschreiben. Danach aber unbedingt auch die beiden übrigen. Sie sehen dann deutlich, durch welche Eigenarten es sich von Kindern mit einer anderen Hauptkomponente unterscheidet.

Später gehen Sie vielleicht noch einmal gemeinsam mit Ihrem Sprößling die Kapitel 9, 10 und 11 durch. Das wird ihm helfen, nicht nur sich selbst, sondern auch andere besser zu erkennen, zu verstehen und zu akzeptieren.

Die stärkste Komponente

Sie zeigt Ihnen die ganz individuellen Eigenarten Ihres Kindes oder eines Ihnen anvertrauten Kindes.

Die Hauptkomponente ist sozusagen der Wegweiser zum Erfolg.

Das heißt aber nicht: Auf seinem Lebensweg wird ab sofort immer und überall die Sonne scheinen!

Das Kind muß sich erst langsam mit dieser seiner Hauptkomponente vertraut machen. Helfen Sie ihm dabei, sie zu akzeptieren! Trotzdem wird es eine Menge Zeit brauchen, um zu lernen, richtig mit ihr umzugehen. «Es ist noch kein Meister vom Himmel gefallen.» Hand aufs Herz: Wie oft haben Sie schon erfahren, daß Ihre persönliche Stärke plötzlich zur Schwäche wurde? Nur weil Sie diese Stärke nicht situationsgerecht einsetzten, weil Sie sie überdosierten.

Ihr Sprößling wird mit zunehmendem Alter lernen, seine stärkste Komponente und damit sich selbst zu kontrollieren.

Das heißt: Er wird versuchen, sie selbstbewußt, erfolgversprechend einzusetzen, damit möglichst oft die Sonne scheint!

Die zweite Komponente

Die zumeist deutlich erkennbaren Merkmale der Hauptkomponente Grün, Rot oder Blau dürfen aber nicht dazu führen, daß man die Menschen kurzerhand in eine grüne, rote oder blaue Schublade sortiert. Jeder «Grüne» – zum Beispiel – unterscheidet sich in seiner ganz persönlichen Art von anderen «Grünen», je nachdem, ob Rot oder Blau als zweite Komponente seine Struktur beeinflußt. Und damit sein Verhalten.

Sehen Sie sich die von Ihrem Kind nach dem Ergebnis der Analyse ausgemalte «Torte» an. Sie zeigt Ihnen, wie stark die Zweitkomponente im Größenverhältnis zur Hauptkomponente steht und wie sie diese ergänzt.

Die schwächste Komponente

Auch die schwächste Komponente ist von Bedeutung für Ihr Kind.

Sie sagt ihm: «Auf diesem Weg kommst du nicht ans Ziel! – Schlägst du ihn trotzdem ein, wird er voll Dornen sein!»

Ihnen zeigt sie deutlich, wo die Grenzen Ihres Sprößlings liegen, in welche Richtung Sie ihn nicht führen sollten, wenn er keine herben Enttäuschungen erleben soll.

Ist die schwächste Komponente Ihres Kindes nur ein «Tortenstückchen» kleiner als die Zweitkomponente, kann sie sein Persönlichkeitsbild abrunden, anstatt «nur» Gefahren aufzuzeigen.

Kapitel 9

Grün

Die grüne Komponente als Grundmuster der Persönlichkeit Ihres Kindes

Kinder, die besonders viele Grün-Anteile haben, kommen schnell und mühelos mit der Umwelt in Kontakt. Denn alles, was Menschen und Menschliches betrifft, findet ihr lebhaftes Interesse und ihre herzliche Anteilnahme. Es liegt ihnen viel daran, mit anderen harmonisch zusammenzusein. Sie fühlen sich in der Gemeinschaft ausgesprochen wohl.

Die anderen kommen ihnen aber, oft unbewußt, entgegen, weil sie durch ihr offenes, freundliches Wesen Wärme ausstrahlen und ihnen auf Anhieb sympathisch sind.

Meistens wird aber der Kontakt von einem «Grünling» ausgehen, weil er auch für sich selbst Wärme, Interesse und Anteilnahme braucht. Je größer die grüne Hauptkomponente bei Ihrem Kind ist, um so größer ist sein Bedürfnis nach Kontakt.

Von einzelnen gemieden oder aus einer Gruppe ausgeschlossen zu werden, das wäre ein schlimmes Erlebnis für Ihr Kind. Aus diesem Gefühl heraus wird es stets versuchen, Neue und Außerhalbstehende mit in die Gruppe einzubeziehen, in der es sich wohl fühlt. So richtig rundherum wohl fühlen kann sich Ihr Kind nämlich nur, wenn die Menschen seiner Umgebung glücklich und zufrieden sind.

Wie ein Vogel Hälmchen für Hälmchen das Material für sein Nest zusammenträgt oder das Häschen die Grube mit Blättern polstert, um sie für sich und die Seinen behaglich zu machen, so wird ein «grünes» Kind daheim das eigene kleine Reich für sich und seine Freunde gemütlich ausstaffieren. Wenn man es läßt! Es wird sich immer einen großen Freundeskreis wünschen.

Aber trotz Kuschelkissen und Kerzenlicht – gemütlich ist es nur dort, wo Zank und Streit draußen bleiben. Zank und Streit kann Ihr Kind nicht mit ansehen. Es wird stets versuchen, den Streit zu schlichten. Dabei wird es nicht massiv oder gar handfest eingreifen, sondern in seiner ruhigen, freundlichen Art so lange auf die Streithammel oder

Kampfhähne einreden, bis sich die Fronten geklärt haben und wieder Frieden herrscht.

Unfrieden zwischen Menschen, die es liebt, kann Ihrem Kind sogar körperlich weh tun. Es wird deshalb immer um Ausgleich bemüht sein.

In der Gruppe wird es Ihrem Kind nicht schwerfallen, die eigenen Wünsche und Vorstellungen einem gemeinsamen Ziel unterzuordnen. Es wird in der Schule ein guter Kamerad sein.

Wenn es heimkommt und von seinem Lieblingsfach erzählt, werden Sie schon bald merken, daß es meistens gar nicht das Fach, sondern den Lehrer meint. Es braucht ihn als Bezugsperson. Es braucht auch das Wohlwollen seiner Mitschüler.

Trotzdem wird Ihr kleiner «Grünling» nicht immer alles mitmachen. In den Pausen wird er nicht wie Kinder mit ausgeprägter Rot-Komponente lautstark tobend den Schulhof unsicher machen, sondern er wird sich eher ruhig mit anderen «Grünlingen» oder den Kreativen mit blauer Hauptkomponente die Zeit vertreiben. – Sollten Sie doch einmal Ihr Kind in einer lärmenden Gruppe entdecken, werden Sie, wenn Sie es ein wenig beobachten, feststellen, daß es nicht wirklich laut ist, sondern nur von den anderen angesteckt wurde und mitmacht. Es wird nie der Anführer einer solchen Gruppe sein.

In der Freizeit wird Ihr Kind ein gerngesehenes Mitglied in Vereinen, Klubs und Zirkeln sein. Es wird dort gleich alle Namen kennen und bald mit jedem gut Freund sein.

Sportliche Betätigung ist aber nur gefragt, solange sie nicht in Anstrengung ausartet. Daß man trotzdem so viele «Grüne» in den Sportvereinen findet, mag daran liegen, daß weniger der Sport als vielmehr das sportliche Verhalten, die Fairness und Kameradschaft sie lockte. «Dabeisein ist gut – Siegen ist besser!» Dieser Satz stammt nicht von einem «Grünen».

Auch für eine Zweierbeziehung ist Ihr Kind der begehrte Partner. Es kann sich auf sein Gegenüber einstellen. Es macht ihm Spaß, Freude zu bereiten, und es wird dafür viel Zeit und einen großen Teil seines Taschengeldes opfern. Gern opfern!

Getrübt werden kann eine solche Beziehung aber durch Eifersucht und allzu große Besitzansprüche seines Gegenübers. Ihr Sprößling wird zwar seinem liebsten Freund oder seiner liebsten Freundin immer die größte Portion seiner Liebe schenken, den Rest aber großzügig in vielen kleinen Portiönchen auf die übrige Menschheit verteilen.

Kinder mit grüner Hauptkomponente haben die Gabe, sich in fast jeder Situation richtig zu verhalten. Diese Fähigkeit beruht auf Erfahrungen, die sie als Mitgift ihrer Urahnen in dieses Leben einbringen und auf den exakt gespeicherten Eindrücken und Erfahrungen ihres eigenen jungen Lebens. Dazu gehören auch die vielfältigen sensibel registrierten leisen Signale der Umwelt. So wird ein «Grünling» die Angst seiner Mutter in bestimmten Situationen deutlicher spüren als ihr aufgesetztes forsches Verhalten, mit dem sie diese Angst verbergen will.

Ererbtes Gut plus bewußt und unbewußt Aufgenommenes ergibt also auch bei Ihrem Kind dieses sichere Gespür für Menschen und Situationen, das es selbst nur noch nicht deuten und begründen kann.

Völlig neuen Situationen, in denen Ihr Kind nicht auf Erfahrungen zurückgreifen kann, steht es zunächst hilflos gegenüber. So lange, bis es diese Situationen einmal durchlebt hat und das Erlebnis zum festen Bestandteil seines Erfahrungsschatzes geworden ist. Wohler fühlt es sich, wenn es gleich von vornherein auf Bekanntem und Bewährtem aufbauen kann. Folglich liebt es keine einschneidenden Veränderungen. Selbst dann nicht, wenn Sie diese für Verbesserungen halten. Der Tannenbaum am selben Platz wie im Vorjahr ist genauso wichtig wie die Vorfreude auf den bekannten Ferienort. Experimente liegen ihm nicht.

Klar, daß sich solche Kinder nicht gern von vertrauten und liebgewordenen Dingen trennen. Ihr kleiner «Grünling» wird kaum zu trösten sein, wenn er einen neuen Teddy bekommt, dafür aber den zerliebten, der ihn vom ersten Tag seines Lebens an begleitet hat, im Mülleimer entdeckt.

Ihr etwas älterer wird es kaum verschmerzen, wenn Sie die noch aus Opas Bücherschrank stammenden zerlesenen Karl-May-Bände durch eine Taschenbuch-Neuausgabe ersetzen, nur weil diese ordentlicher aussieht als die Loseblattsammlung aus längst vergangenen Tagen.

Ihr Kind liebt die Vergangenheit. Und die meisten Dinge werden erst liebenswert durch die Geschichte, die mit ihnen verbunden ist. Wenn diese Geschichte dazu noch etwas mit Menschen zu tun hat, kennt seine Liebe keine Grenzen. Sie werden feststellen, daß Ihr Kind eigentlich Erinnerungen sammelt und nicht die Dinge an sich.

Mein Rat

Geben Sie Ihrem Kind die Möglichkeit, sich in seiner ganz persönlichen Eigenart zu entwickeln.

Erlauben Sie Ihrem kontaktfreudigen «Grünling», Freunde und Freundinnen mit nach Hause zu bringen. Auch wenn es viele sind. Und es werden viele sein! «Geteilter Schmerz ist halber Schmerz, geteilte Freude ist doppelte Freude.» Dieses Sprichwort ist ihm in die Seele geschrieben. Sagen Sie auch nach Möglichkeit nie: «*Das* Kind kommt mir nicht ins Haus!» Nur weil es Ihnen persönlich unsympathisch ist.

Wenn Sie einmal meinen, strafen zu müssen: Bitte, sperren Sie nie die Freunde Ihres Kindes aus! Auch Stubenarrest kann es nur dann ertragen, wenn Sie gelegentlich hereinschauen und mit ihm sprechen. Menschliche Isolierung kann Ihr Kind nicht verkraften. Wenn es nicht ohne Strafe geht, denken Sie daran, daß Strafe helfen und nicht kaputtmachen soll. Und helfen heißt: über das Erkennen zur Einsicht zu führen, die gleichzeitig neue Wege öffnet. Versperren Sie diese Wege nicht, indem Sie die Entschuldigung Ihres Kindes zurückweisen. Zeigen Sie ihm, daß Sie es trotzdem immer liebhaben.

Nehmen Sie sich viel Zeit für Ihr Kind. Vor allem Zeit zum Zuhören. Ihr «grünes» Kind erzählt gern, weil es stets über alles und alle bestens informiert ist. Auch über das, was die Menschen nicht offen vor sich hertragen.

Erklären Sie Ihrem «Grünling» aber auch, daß es Menschen gibt, die zwischen sich und anderen einen Sicherheitsabstand brauchen. Eine Zone, die man respektieren muß, wenn man keine schroffe Zurückweisung erleben möchte. So ersparen Sie ihm manchen Kummer. Selbst Hilfsbereitschaft kann als lästig empfunden werden, wenn man sie übertreibt.

Auch bei Versöhnungs- und Schlichtungsversuchen kann Ihr Kind oft auf Unverständnis und Ablehnung stoßen. Trösten Sie es dann und erklären Sie ihm die Andersartigkeit derer, die auf Grund ihrer anderen Persönlichkeitsstruktur völlig anders reagieren müssen. Ganz einfach, weil sie größere Blau- oder Rotanteile besitzen.

Geben Sie Ihrem «Grünling» das Gefühl von Geborgenheit, indem Sie ihm die gewohnte Umgebung erhalten. Räumlich und menschlich. Vor allem menschlich. Das gibt ihm Halt. Treiben Sie ihn auch nicht immer zur Eile an, er gehört nun einmal nicht zur schnellsten Truppe. Sorgen Sie lieber vorausschauend für eine zeitliche Ordnung im Tagesablauf.

Sollte Ihr Kind im Familienverband das älteste von mehreren Geschwistern sein, so machen Sie es nicht zum stellvertretenden Erziehungsberechtigten. Belasten Sie es nicht mit der Verantwortung für seine jüngeren Geschwister. Ein «Grünling» ist glatt überfordert, wenn er seinen «roten Bruder» bändigen soll.

Zwingen Sie Ihr Kind nicht, vor jeder Entscheidung sorgfältig das Für und Wider abzuwägen und mögliche Konsequenzen zu bedenken. Es wird sich dann genausowenig überzeugend und erfolgreich verhalten wie in einer Situation, in der von ihm verlangt wird, «ein Mann zu sein und die Ellbogen zu gebrauchen». Dies gilt natürlich nicht nur für die Knaben, sondern auch für das angeblich schwache Geschlecht der Mädchen.

Das Horchen auf die innere Stimme und die rein gefühlsmäßige Reaktion auf Situationen liegen Ihrem Kind eben mehr als überlegtes Handeln oder spontane Aktivität.

Sehen Sie Ihre Aufgabe nicht nur als Fürsorger oder Fürsorgerin Ihres Kindes, sondern auch als Vorsorger oder Vorsorgerin. Beobachten Sie Ihren «Grünling» und unterstützen Sie, soweit es Ihnen möglich ist, seine Interessen. Jedes Kind ist eine ganz einmalige Kombination von Wünschen und Begabungen, aus der sich, früher oder später, mehr oder weniger deutlich der Berufsweg erfühlen läßt.

Ihr Kind ist zwar durch seinen reichen Schatz an gespeicherten Erfahrungen, durch seine Fähigkeit zum Spüren, seine Instinktsicherheit und sein Fingerspitzengefühl gut für das Leben ausgerüstet, doch kann es durch strukturfremde Einflüsse in seiner Persönlichkeit so fehlgeleitet werden, daß es später wirkt wie ein Schauspieler in der falschen Rolle.

Es ist unwahrscheinlich, daß ein «Grünling» an einer Tätigkeit Freude haben kann, die ihn isoliert. Die den Kontakt mit anderen auf ein Minimum reduziert oder sogar ausschließt. Er wird sich überall dort wohl fühlen, wo er seine Anlagen und Fähigkeiten voll einsetzen kann.

Wenn er erkannt hat, daß sein Verstand nicht abstrakt-theoretisch eingestellt ist und er keine Führerpersönlichkeit ist, die sich kraftvoll durchsetzen kann, wird er den Platz im Berufsleben finden, der ihn ausfüllt.

Die grüne Komponente in Verbindung mit anderen Komponenten

Rot als zweite Komponente

Wenn Ihr Kind als zweitgrößten Anteil Rot hat, steht die Kontaktfähigkeit und das Kontaktbedürfnis zwar noch immer im Vordergrund von Fühlen, Denken und Handeln, aber es hat eine gute Portion mehr Durchsetzungsvermögen als ohne diese Komponente.

Es möchte mit anderen zwar harmonisch zusammensein, hat aber auch den Wunsch, daß seine Anregungen und Vorstellungen von diesen anderen akzeptiert werden.

Je größer die rote Komponente, um so größer sind der Wunsch, der Einsatz und die Aussicht, eigene Ziele erfolgreich in die Tat umzusetzen. Und weil die zweite rote Komponente Ihr Kind nicht mehr ganz so kompromißbereit sein läßt, wird es sich, wenn es einmal sein muß, auch gegen andere durchsetzen.

Meistens bleibt aber eine an zweiter Stelle stehende rote Komponente im Hintergrund. Deshalb überrascht sie die Umwelt um so mehr, wenn sie bei Erregung unvermittelt hervorbricht.

Machen Sie Ihr Kind auf diese Eigenart seines Wesens aufmerksam. Zeigen Sie ihm deutlich die Folgen auf, die so ein unkontrollierter Wutausbruch haben kann: den Ausschluß – wenigstens zeitweise – aus der Gemeinschaft, die es als hauptsächlich «Grüner» sucht und braucht.

Hat Ihr Kind die roten Anteile seines Wesens erkannt und akzeptiert, wird es lernen, mit seiner zweiten Komponente umzugehen und sie als Bereicherung seiner grünen Anlagen empfinden. Es wird kontaktfreudig und selbstsicher das Leben meistern und später im Beruf Aufgaben übernehmen können, die nicht nur Kontaktfreudigkeit und Fingerspitzengefühl, sondern auch Durchsetzungsvermögen verlangen.

Blau als schwächste Komponente

Sie dürfen nicht überrascht sein, wenn im Leben Ihres Kindes viel Unvorhergesehenes geschieht. Es hat zwar viele Wünsche, doch liegt es ihm nicht, etwas vorausschauend zu planen. Systematische Ordnung und Zeiteinteilung gehören auch nicht zu ihm.

Hinzu kommt, daß es Ihrem Kind kaum gelingen wird, Dinge, Menschen und Situationen kühl und mit Abstand zu sehen. Es fühlt sich immer direkt angesprochen und wird deshalb auch immer persönlich reagieren.

Blau als zweite Komponente

Sie wissen, daß Ihr Kind ausgesprochen kontaktfreudig ist. Sie wissen auch, daß es ein Bedürfnis nach Kontakt hat. Die Größe des Blau-Anteils entscheidet jetzt, wie stürmisch diese Kontakte beginnen und verlaufen. Auch wie groß das Bedürfnis nach Kontakt ist.

Ihr Kind geht mit einer starken blauen Zweitkomponente weniger spontan auf andere zu als mit einer schwachen. Mit einem großen Blau-Anteil ist sein Bedürfnis nach Kontakt weniger stark als bei einem kleinen.

Genauso verhalten sich die anderen Ihrem Kind gegenüber. «Wie man in den Wald hineinruft, so schallt es heraus.»

Bei der Auswahl seiner Freunde ist Ihr Kind vorsichtiger und anspruchsvoller. Die persönlichen Bindungen reifen langsamer, dafür halten sie aber länger. Oft sogar ein ganzes Leben.

Ihr kleiner «Grünling» reagiert intuitiv und gefühlsmäßig. Seine zweite blaue Komponente schenkt ihm die Fähigkeit, vor dem Handeln sein Köpfchen zu benutzen. Das heißt, er wird seinen Verstand einschalten, um gefühlsmäßig als richtig Erkanntes sorgsam abwägen und logisch begründen zu können.

Das Blau in seiner Persönlichkeit gibt ihm ein neues Ordnungsgefühl. Und da auch die Zeit ein Ordnungsfaktor ist, heilt es die fast schon sprichwörtliche Unpünktlichkeit der «Grünen». Die, weil sie voll auf «gemütlich» programmiert sind, gern Zeit und Raum vergessen.

Auch mit dem Geld wird Ihr Kind unter dem Einfluß seiner zweiten Komponente umsichtiger umgehen.

Werden die blauen Anlagen von Ihrem «Grünling» als solche akzeptiert, wird er immer von ihnen profitieren. Besonders in der Schule und später im Beruf.

Rot als schwächste Komponente

Ihr Kind liebt das harmonische Miteinander. Deshalb sollten Sie sich darauf einstellen, daß es sich im Wettbewerb oder im harten Wettstreit kaum behaupten wird. Es mag sich nicht gegen andere durchsetzen oder gar die Ellbogen gebrauchen.

Auch mitreißendes, imponierendes Auftreten liegt ihm nicht.

Dafür ist es aber immer dabei, wenn es gilt, sich selbstlos für eine Sache einzusetzen. Achten Sie deshalb darauf, daß seine Gutmütigkeit und Hilfsbereitschaft nicht ausgenutzt werden. Klare oder harte Entscheidungen fallen Ihrem oder Ihrer «Grünen» schwer.

Da Ihr Sprößling aber oft die allzu roten Eigenarten anderer Menschen als störend empfindet, wird er sie bei sich selbst nicht vermissen.

Kapitel 10

Rot

Die rote Komponente als Grundmuster der Persönlichkeit Ihres Kindes

Wenn Ihr Kind besonders viele Rot-Anteile hat, dann gehört es zu den Aktiven und Unternehmungslustigen. Es liebt neue, aufregende Dinge, Situationen und Begegnungen mit Menschen. Deshalb sucht es sie.

Wie das «grüne» Kind, so schätzt auch das «rote» die Gruppe. Doch während es dem «grünen» genügt dabeizusein, strebt das «rote» die Führungsposition an. «Ich bin der Größte!» meint der «Rote», auch wenn er von der Statur her zu den Kleinsten zählt.

Und weil er so davon überzeugt ist, der Größte zu sein, will er es den anderen zeigen: «Hoppla, jetzt komm ich!» Spürt er Widerstand, setzt er sich mit ihnen auseinander, bis ein klarer Sieger feststeht. Ein Nebeneinander gleichwertiger Partner gibt es für ihn nicht. Die anderen stehen entweder über ihm oder unter ihm. Er kennt nur eindeutige Rangfolgen. Besonders in der Gruppe. Oft kommt es zwischen Kindern mit roter Hauptkomponente zu regelrechten Kraftproben. Jeder will die Nummer eins sein und den Ton angeben. Denken Sie nicht, Mädchen wären da anders als Jungen.

«Aktivität» – das ist das Losungswort Ihres Sprößlings. Bei ihm muß immer etwas los sein. Und wenn nichts los ist, wird etwas los gemacht! Träumen oder Nichtstun mag Ihr Kind nicht. Es will immer etwas tun, und zwar sofort! Ist es mit einer Sache beschäftigt, wird es nie einsehen, daß es Wichtigeres auf der Welt gibt. Das macht anderen oftmals das Leben schwer. Doch seine feste Überzeugung von der Richtigkeit und Wichtigkeit seines Vorhabens stärkt seine natürliche Autorität, die andere Kinder spüren und anerkennen.

Ist das einmal nicht der Fall, bricht das kaum zu zügelnde Temperament Ihres Lieblings aus. Wütend kämpft er um die Anerkennung. Da können dann auch schon mal die Fetzen fliegen. Da knallt's. Da wird er die Ellbogen gebrauchen und versuchen, sich gegen andere durchzusetzen. Diplomatisches Verhalten ist ihm nicht gegeben. Ohne lange nachzudenken, sagt er frisch und frei heraus, was er von einer Sache oder von einem Menschen hält.

Obwohl Ihr Kind vielseitig interessiert und allem Neuen gegenüber aufgeschlossen ist, kann die Schule Ihrem Kind anfangs Schwierigkeiten machen. Nicht das Lernen fällt ihm schwer, sondern das Stillsitzen. Nicht die Lehrer bereiten ihm Unbehagen, sondern deren *Autorität von Amts wegen*. Deshalb wird es sich in den Fächern am meisten bemühen, in denen ihm Lehrkräfte begegnen, die Sicherheit und *natürliche Autorität* ausstrahlen.

Nach der Qual des Stillsitzens im Unterricht wird Ihr Kind begeistert die Pause begrüßen. Es wird zusammen mit anderen lärmend und tobend die weite Fläche des Schulhofs in Besitz nehmen. Es muß sich einfach richtig austoben, wenn es die nächste Stunde durchstehen oder besser: durchsitzen soll.

Kinder mit einer stark ausgeprägten roten Komponente müssen ständig in Bewegung sein. In der Schule und zu Hause werden sie deshalb oft als anstrengend empfunden. «Sitz still!» und «Sei ruhig!» hören sie immer wieder. Dabei können sie ihrem Temperament nach weder still sitzen noch ruhig sein. Sie vollbringen aber gelegentlich solche Kunststückchen, um ihren Lehrern oder den Eltern zu gefallen. Sie hoffen, dafür in Form besserer Noten belohnt zu werden oder mit ihrem Lieblingspudding. So werden viele von ihnen dressiert wie kleine Hunde.

In der Freizeit ist Ihr Kind so richtig in seinem Element. Es mag aufregende Spiele. Aber nicht nur als Zeitvertreib. Es möchte gewinnen! Hier trifft der Ausspruch: «Dabeisein ist gut, Siegen ist besser!» genau ins Schwarze. Wettspiele, bei denen seine natürliche Aktivität und Leistungsbereitschaft gefordert werden, sind ihm die liebsten. Hier kann es sein Bestes geben. Kann sich mit anderen messen.

Wird Ihr Kind irgendwann, irgendwo «nur» zweiter, kann es den ersten aber anerkennen. Vielleicht macht es ihn sogar zu seinem Vorbild und eifert ihm nach. Sich beleidigt zurückzuziehen, das liegt Ihrem Kind nicht. Es ist weiterhin aktiv dabei. Es kämpft ja für das Erlebnis, einmal der Schnellste oder der Stärkste zu sein. Im Sportverein ist es zu Hause.

Jemandem einen Streich spielen, das gehört auch zu seinen Freizeitbeschäftigungen. Sie werden bald erkennen, daß das Risiko, dabei ertappt zu werden, Ihr Kind mehr reizt als die Chance, ungeschoren davonzukommen.

Da Ihr Sprößling voller Unternehmungslust und neuer spontaner Einfälle steckt, wird er nie lange allein sein. Automatisch wird sich um ihn ein Kreis bilden, der sich schnell vergrößert. So entsteht eine neue Clique, ein neuer Klub, deren «Haupt» er ist. Später Hinzukommende müssen dann allerdings seine oder ihre Vorherrschaft anerkennen.

Ihr Kind schlägt nicht vor, es beschließt. Zum Beispiel Fußball zu spielen oder eine Radtour zu machen. Es holt aber auch den Ball oder bestimmt das Ziel. Es läuft oder fährt los in der festen Überzeugung, daß die anderen folgen. Und es behält recht! Seine zupackende Art imponiert ihnen und reißt sie mit.

Ihr «rotes Kind» hat Selbstvertrauen und Mut! Aber Geduld ist nicht seine Stärke. Deshalb will es immer schnell «Nägel mit Köpfen machen». Langes Planen und Durchdenken einer Sache mit vielen Wenn und Aber liegt ihm nicht. Mit der Zeiteinteilung will es nie so ganz klappen. Es hat dafür die Fähigkeit, auf Anhieb zu begreifen, was im Augenblick machbar ist. Es gelingt ihm, das Glück im rechten Augenblick beim Schopf zu packen.

Die Vergangenheit interessiert Ihr Kind nicht. Es liebt die Gegenwart. Das Hier und Jetzt!

Was gestern wichtig war, muß nicht unbedingt auch heute noch wichtig sein.

So kann auch ein Spielzeug, zu Weihnachten mehr dringend bestellt als gewünscht, schon am nächsten Tag unbeachtet in der Ecke liegen, wenn etwas Neues lockt. Der zugefrorene See zum Schlittschuhlaufen oder der schneebedeckte Hügel zum Rodeln.

Hat Ihr Kind gar auf dem Gabentisch seines Freundes ein interessanteres Spielzeug entdeckt, wird es nach dem seinen kaum noch fragen.

Mein Rat

Da Ihr Kind offen und geradeheraus sagt, was es denkt, ist das «Anecken» schon vorprogrammiert. Verhindern, daß sich Ihr kleiner Senkrechtstarter die Nase stößt, können Sie also nicht. Er wird sich mit Sicherheit auch nicht mehr an Ihre Mahnungen und Warnungen erinnern, wenn er wieder einmal losstürmt.

«Rote» Kinder müssen ihre Erfahrungen selbst machen, um sich nach einem Mißerfolg künftig in ähnlichen Situationen anders verhalten zu können.

Geben Sie also Ihrem Kind die Chance, aus den Fehlern, die es macht, zu lernen. Vermeiden Sie, daß sich Ihr Kind wie in einem Käfig vorkommt, nur weil Sie Angst haben, es könnte ihm etwas passieren. Es ist neugierig und experimentierfreudig und braucht ein großes Stück persönlicher Freiheit.

Geben Sie aber Hilfestellung, wenn es ihm nicht gelingt, sein überschäumendes Temperament im Zaum zu halten.

Bevor es in die Luft geht, sollte es vielleicht versuchen, vorher bis zehn zu zählen.

Aus begründetem Optimismus und klarsichtiger Risikobereitschaft darf kein gefährlicher Leichtsinn werden. Aus zielgerichteter Aktivität keine leere Hektik.

Es schadet Ihrem Kind auch nicht, wenn Sie ihm behutsam nahebringen, daß es sich nichts vergibt, wenn es einmal einen Kompromiß schließt.

Zeigen Sie ihm, daß man sich nicht in Szene setzen muß, um Erfolg zu haben. Sagen Sie ihm, daß derjenige den größten Erfolg hat, der ganz natürlich ist. Ihr kleiner Showmaster hat das vielleicht noch gar nicht gemerkt.

Machen Sie Ihrem spontanen Energiebündel klar, daß es Freunde braucht und nicht nur Bewunderer. Daß die Eigenarten und Fähigkeiten anderer die eigenen wirkungsvoll ergänzen können.

Da Ihr Kind in Vereinen und Verbänden immer bald eine zentrale Rolle spielt und ihm der Wettbewerb innerhalb einer Gruppe wichtiger sein kann als deren mehr oder weniger idealistische Ziele, ist es sehr wichtig für Sie zu wissen, welchen Charakter diese Gruppierungen haben. Hier sollten Sie vielleicht durch Angebote von Alternativen ein wenig steuern.

Aber nicht nur in der Gruppe, auch in einer Zweierbeziehung will Ihr Kind dominieren. Ein schwächerer Partner hat dann die Aufgabe, zu ihm aufzusehen. Ein stärkerer schafft es, ihm Leitbilder zu setzen.

Wenn es darum geht, an einen zukünftigen Beruf zu denken, dürfen Sie für Ihr Kind alles streichen, was mit gleichförmiger Verwaltung oder sorgfältiger Planung zu tun hat. «Rote» finden Freude in einem Beruf, der mit Mobilität, täglich neuen Menschen, Situationen und Dingen lockt. Weil sie mit beiden Beinen fest auf dem Boden der Wirklichkeit stehen, wollen sie nicht grübeln und theoretisieren, sondern zupacken und Verantwortung übernehmen.

Die rote Komponente in Verbindung mit anderen Komponenten

Grün als zweite Komponente

Mit seiner grünen Zweitkomponente gehört Ihr Kind zwar zu den reaktionsschnellen, entschluß- und risikofreudigen Menschen, aber es will im Zusammensein mit anderen nicht unbedingt die erste Geige spielen. Es hat nicht das Bedürfnis, sich immer und überall durchzusetzen. Es wird zumindest Skrupel haben, die Ellbogen zu gebrauchen, um sich gegen seine Mitmenschen durchzusetzen oder ihnen die eigene Meinung aufzudrängen.

Ihr Kind ist kompromißbereiter und läßt auch andere gelten. Eine angenehme Folge: Es eckt nicht mehr so oft an. Es gelingt ihm, Überlegenheit zu beweisen, ohne daß sein Gegenüber das Gesicht verliert. Das bringt ihm Sympathie ein.

In der Schule sind nicht alle «doof», die nicht mitmachen, und später im Beruf nicht mehr alle «Hirnis», die etwas langsamer im Denken sind, dafür aber gründlicher.

Die Ihrem Kind eigene Unrast wird durch das Grün gemildert. Selbst ein Mensch mit einer extremen Rotkomponente, der oft hektisch wirkt, erscheint bei starkem Grün-Anteil ausgeglichener, ruhiger. Aber er erscheint nicht nur so, er ist es auch, da ihm seine Zweitkomponente den Blick für die angenehmen Seiten des Lebens öffnet. Er ist nicht mehr so sprunghaft. Manche spontan begonnene Sache wird vollendet, bevor er sich einer neuen zuwendet. Es genügt ihm nicht, daß Dinge nur ihren Zweck erfüllen. Sein Anspruch auf Komfort und damit auf Bequemlichkeit wächst. Es kommt vor, daß er andere warten läßt, nur weil er gerade genüßlich sein Leibgericht verspeist, Musik hört oder sich in ein Buch vertieft hat.

Denken Sie aber immer daran, daß die Stärke der Zweitkomponente der Maßstab ist für den Einfluß, den diese auf die Hauptkomponente Ihres Kindes hat.

Blau als schwächste Komponente

Hat Ihr Kind nur einen kleinen Blau-Anteil in seinem Strukturbild, so heißt das, daß bei ihm der Ordnungssinn nicht sehr stark ausgeprägt ist. Jede Form von Ordnung, also auch Zeiteinteilung, Pünktlichkeit und Planung liegen ihm einfach nicht. Deshalb sollten Sie Ihr Kind, wenn es sich von selbst um gewisse Regelmäßigkeiten und Ordnungen bemüht, immer sofort loben. Denn ein bloß im Ansatz gemildertes Chaos im Kinderzimmer kann für Ihren Sprößling schon eine Leistung sein, auf die er stolz ist und für die er Anerkennung verdient.

Erwarten Sie in Situationen, in denen es um Menschen und Dinge geht, keine distanzierte, objektive Einstellung. Ihr Sprößling wird sich immer persönlich engagieren. Rechnen Sie fest mit «Turbulenzen» im Leben Ihres Lieblings. Viel Unvorhersehbares wird auf Sie und das Kind zukommen.

Blau als zweite Komponente

Zeigt die Auswertung Blau als zweite Komponente Ihres Kindes, dann ist der ehrgeizige, geschickt planende und deshalb meist erfolgreiche spätere Erwachsene im Kern bereits angelegt. Denn in Ihrem Kind verbinden sich die Anlagen und Fähigkeiten seiner roten Komponente mit den Anlagen und Fähigkeiten der blauen. Je deutlicher das Blau abzulesen ist, um so mehr Einfluß nimmt es auf das Rot.

Ihr spontaner Sprößling denkt planvoller. Er sieht nicht mehr nur den Augenblick und das im Augenblick Machbare, sondern auch das, was künftig möglich sein kann und wird. Sein ganzes Handeln ist überlegter und konsequenter.

Er beschließt zwar immer noch: «Wir machen eine Radtour!», und er bestimmt immer noch das Ziel, aber vor dem Ziel liegt eine von ihm in allen Einzelheiten ausgetüftelte interessante Route.

Schirm sagt in seinen *‹Strukturen der Persönlichkeit›*: «Die Risikobereitschaft der roten Komponente in Verbindung mit der Undurchschaubarkeit und Selbstkontrolle der blauen Komponente ergeben oft erfolgreiche ‹Pokerspieler› auch im übertragenen Sinne als taktisch kluge Gegner im Geschäftsleben.»

Für mich heißt das: Auch das Kind ist durchaus in der Lage, taktisch klug vorzugehen, wenn es etwas erreichen will. Ich habe es selbst erlebt. – «Mutti», sagte mein Sohn eines Tages, «Vati erlaubt, daß ich ins Kino geh, wenn du nichts dagegen hast!» – «In Ordnung», meinte ich. «Viel Spaß!» Weg war er! – Sehr erstaunt war ich, als ich aus dem Nebenzimmer leise diesen Dialog vernahm: «Du, Vati – Mutti hat nichts dagegen, daß ich ins Kino geh, wenn du es erlaubst! Du erlaubst es doch, oder?» – «Klar, mein Sohn. Geh nur!»

Muß ich noch sagen, welche Zweitkomponente mein kleiner «Roter» hat?

Grün als schwächste Komponente

Ist die grüne Komponente bei Ihrem Kind nur schwach ausgeprägt, sollte es sich bei seinen Unternehmungen nicht auf die Hilfe anderer verlassen.

Durch sein selbstbewußtes Auftreten kommen die meisten einfach gar nicht auf den Gedanken, es könnte Hilfe brauchen. Einige werden auch nicht helfen wollen, weil sich Ihr Sprößling irgendwann einmal hart gegen deren eigene Interessen gestemmt hat.

Mehr unbewußt als bewußt begreift das Ihr Kind und verläßt sich, optimistisch wie es ist, auf seine natürliche Durchsetzungskraft.

Kapitel 11

Blau

Die blaue Komponente als Grundmuster der Persönlichkeit Ihres Kindes

Wenn die Hauptkomponente Ihres Kindes Blau ist, so braucht es immer einen Sicherheitsabstand zwischen sich und den anderen Menschen.

Wieder ist die Größe der Komponente das Maß dafür, wie stark sie das Persönlichkeitsbild Ihres Kindes bestimmt.

Bei einer starken Blau-Komponente läßt es keinen Menschen zu nah an sich heran. Umgekehrt tritt es aber auch keinem zu nahe. Die Folge ist: Es fällt anderen schwer, Ihr Kind richtig kennenzulernen. So bleiben viele seiner liebenswerten Eigenschaften und Fähigkeiten oft lange unerkannt.

In der Gemeinschaft wird Ihr kleiner Sprößling nicht gern zum Mittelpunkt. Geschieht dies doch einmal aus irgendeinem Grunde, kann es passieren, daß er sich lieber klammheimlich verdrückt, als weiterhin das Zentrum des Interesses zu sein.

Große Menschenansammlungen mag Ihr Kind gar nicht! Ein extrem «blaues» Kind kann im Trubel eines Kaufhauses sogar in Panik geraten, wenn es die Mutti nur für Sekunden aus den Augen verliert. Bei einem Kind mit gut ausgeprägter roter Zweitkomponente kann das Interesse an den vielen neuen Dingen die Angst so überlagern, daß sie gar nicht mehr bewußt empfunden wird. Ein anderes jedoch, das starke Grün-Anteile besitzt, wird vielleicht mit anderen Kindern Kontakt aufnehmen und sich in der Spielwarenabteilung vergnügen.

Ihr Kind empfindet die Sympathie und Antipathie anderer stark. Obwohl es auf seine Umwelt kühl und zurückhaltend, manchmal auch abweisend wirkt, ist es sensibel und dünnhäutig. Es trägt seine Gefühle nur nicht offen zur Schau. Im Gegensatz zu Kindern mit ausgeprägter Rot-Komponente ist es mehr innerlich engagiert.

Ihr Kind hat in vieler Hinsicht seine eigenen Ansichten. Bei Meinungsverschiedenheiten zieht es sich aber oft zurück, bevor es zwischen ihm und Andersdenkenden zum Streit kommt. Es will keinem Menschen die eigene Meinung aufzwingen. Etwas ältere Kinder neigen aber zu beißender Ironie, die fast immer genau die empfindlichste Stelle trifft. Dann ist die offene Auseinandersetzung da. – Wehren sich andere auf ihre Art, schlagen sie nicht nur mit Worten zurück, sondern handfest, bekommt Ihr Kind Angst. Körperlicher Gewalt gegenüber ist es völlig hilflos. Deshalb mischt es sich selten in die Streitereien anderer ein. Es ergreift nicht Partei – aus Furcht, es könnte etwas abbekommen!

Ein bei «grünen» und «roten» Kindern kaum anzutreffender Ordnungssinn gehört zu Ihrem Sohn oder zu Ihrer Tochter. Und da auch die Zeit ein Ordnungsfaktor ist, wird er oder sie bestimmt niemand durch Unpünktlichkeit verärgern.

In der Schule wird Ihr Kind früher oder später unter Beweis stellen, daß es weniger an der Wiedergabe des Erlernten als vielmehr an dem Erkennen und Verarbeiten von Zusammenhängen interessiert ist. Es wird immer versuchen, das Wesentliche vom Unwichtigen zu trennen. «Blaue» Kinder können logisch denken, und diese Fähigkeit wächst mit ihnen. Bald erkennen sie die Ordnungsgesetze hinter scheinbar unzusammenhängenden Einzelheiten. Oft fallen sie auch durch eine besonders präzise Ausdrucksweise auf.

In den Pausen läßt sich ihr Kind kaum von seinen Mitschülern zum sinnlosen Umhertollen mitreißen. Lärm kann es nicht vertragen. Es verhält sich deshalb auch selbst meist leise.

Oft findet man die «Blauen» etwas abseits mit einem Buch in der Hand, oder sie sind schon dabei, mit anderen Ideen zu entwickeln für das, was am Nachmittag unternommen werden soll. Dabei haben sie am Planen mehr Spaß als an der späteren Ausführung.

Ihr Sprößling möchte nicht von anderen abhängig sein. Deshalb geht er in seiner Freizeit gern seine eigenen Wege. Trotzdem möchte er nicht vereinzeln. Da er aber selbst nicht spontan auf andere Menschen zugeht, kommen ihm die anderen auch nicht mit ausgebreiteten Armen entgegen. Was tun? Am einfachsten ist es für ihn, wenn er die Freizeit mit seinen Klassenkameraden verbringt. Die haben ihn ja bereits kennen- und schätzengelernt. Kommt er nämlich als Neuer in einen bestehenden Kreis, wird aus der Tiefe seines Wesens sofort wieder die Zurückhaltung aufsteigen, und es dauert oft lange, bis er in der Gruppe richtig warm geworden ist.

Beim Sport sind «blaue» Kinder oft lieber Zuschauer als selbst kämpferisch aktiv. Gehen Sie zum Schwimmen, mögen sie das Wasser nicht zu kalt und vermeiden hautnahen Kontakt mit anderen. Am liebsten sitzen sie daheim beim Tüfteln, Grübeln und Basteln. Sind sie mit einem kniffligen Problem beschäftigt, können sie nicht abschalten, bis es gelöst ist. Es kann vorkommen, daß sie darüber sogar das Essen vergessen.

Mit zunehmendem Alter wird Ihr Kind wählerischer und anspruchsvoller. Nicht nur in bezug auf die Dinge, mit denen es sich umgibt, sondern auch in bezug auf Menschen und hier speziell auf Freundschaften. Nur zu wenigen Menschen baut sich eine enge Beziehung auf, die dann aber so tief wird, daß Ihr Kind sie gefühlsmäßig kaum mehr lösen kann.

Übrigens: Kinder mit starker Blau-Komponente können sehr eifersüchtig sein!

«Blaue Kinder» haben viel Phantasie. Und da sie gern planen, sind sie der Gegenwart immer schon ein Stückchen voraus. Ihre Fähigkeit, sich die Zukunft vorzustellen, macht sie zu «Wenn-und-aber-Menschen». Ältere Kinder entwickeln sogar manchmal einen Perfektionismus, mit dem sie sich selbst im Wege stehen. Sie überdenken einen Plan wieder und wieder, schieben ihn oft so lange hinaus, bis sie die letzte Gelegenheit verpaßt haben, ihn zu verwirklichen. Die spontane Entschlußfreudigkeit «roter» Kinder fehlt «blauen» gänzlich. Dafür ist ihnen Geduld, Zähigkeit und Überzeugungskraft gegeben.

Mein Rat

In der Erprobungsphase der Analyse habe ich oft die Erfahrung gemacht, daß «blaue» Kinder im täglichen Leben die typischen Merkmale und Verhaltensweisen der zweiten gut ausgeprägten Komponente deutlicher zeigten als ihre Hauptkomponente. Das hat mich anfangs sehr irritiert. Bis ich merkte, daß diese Kinder bewußt oder unbewußt ihre Umwelt täuschten. Nach dem Motto: «Wie's da drinnen aussieht, geht niemand was an!»

Sie fühlten, daß ihnen Kontaktfreudigkeit oder Risikobereitschaft nicht unbegrenzt zur Verfügung steht, und versuchten über ihren eigenen Schatten zu springen. Sie spielten mehr oder weniger gekonnt eine «grüne» oder «rote» Rolle.

Helfen Sie mit, daß Ihr Kind sich selbst erkennt und akzeptiert. Hören Sie immer aufmerksam zu, wenn es Ihnen etwas erzählt. Überhören Sie dabei auch nicht die leisen Zwischentöne. Vergessen Sie nie, daß es ihm schwerfällt, aus sich herauszugehen. Es ist wie eine Schnecke, die nur zögernd ihr Haus verläßt und sich schnell wieder zurückzieht, wenn ihr etwas zu nahe kommt.

Sicher haben Sie es schon selbst gemerkt, daß Ihr Kind die Herzen seiner Mitmenschen nicht im Sturm erobert. Es gewinnt sie erst bei näherem Kennenlernen. Gelingt es Ihnen, ihm diese Tatsache behutsam verständlich zu machen, dann helfen Sie ihm, seine Scheu beim ersten Zusammentreffen mit anderen zu überwinden.

Sie wissen auch, wie schwer es Freundschaften schließt, und Sie kennen seinen Absolutheitsanspruch, seine Eifersucht. Daraus könnten Komplikationen entstehen. Es wird dann immer erst versuchen, allein damit fertig zu werden. Geben Sie Ihrem sensiblen Sprößling Hilfestellung, wenn Sie merken, daß er sich quält.

Drängen Sie ihn nicht, immer und überall mitzumachen, das liegt ihm nicht. Selbst in der Familie, im Kreis der Geschwister, muß er die Möglichkeit haben, sich einmal zurückzuziehen. – Übertragen Sie ihm dafür lieber die Planung des nächsten gemeinsamen Ausflugs oder die Zusammenstellung des Einkaufszettels. Fragen Sie aber von Zeit zu Zeit nach, wie weit die Arbeit schon gediehen ist. Es könnte sonst passieren, daß die Familie bei der geplanten herbstlichen Radwanderung im Schnee steckenbleibt.

Ihr Kind ist nicht langsam, nur übergründlich!

Sagen Sie Ihrem Sohn oder Ihrer Tochter, daß es nicht gut ist, wenn man immer versucht, sich aus allem herauszuhalten, was unangenehm ist.

Es stimmt nicht, daß echte Probleme sich irgendwann von selbst auflösen, wenn man sie nur lange genug mit sich herumträgt. Sie verursachen einem im besten Fall Magenschmerzen. Oft Schlimmeres. Hat es einmal Streit gegeben, ist es auch nicht fair, den anderen einfach stehenzulassen.

Wenn Sie mit Ihren Bemühungen keinen Erfolg haben, verzagen Sie nicht. Ihr Kind ist kein Feigling, sondern handelt nur nach der Devise: «Der Klügere gibt nach!»

Wegen seiner Fähigkeit, die Zukunft gedanklich vorwegzunehmen, wird sich Ihr Sprößling oft Sorgen machen.

Sprechen Sie mit ihm über seine verschiedenen Ängste. Machen Sie ihm verständlich, daß es unnötig ist, sich vor etwas zu ängstigen, was vermutlich nie eintreffen wird.

Helfen Sie ihm aber, abwendbaren Situationen ruhig entgegenzuwirken und unabwendbaren tapfer ins Auge zu sehen.

«Blaue» Kinder fragen am häufigsten: «Warum?» – Sie geben sich nicht damit zufrieden, daß etwas so oder so ist, sondern sie wollen ganz genau wissen, warum etwas so oder so ist! Sie sind die geborenen Forscher. Denken Sie daran, wenn Ihr Kind älter wird und überlegt, was es einmal werden will. Diese Eigenart könnte richtungweisend sein.

Ihr Kind kann nicht nur selbst Zusammenhänge schnell erfassen, es hat auch eine natürliche Begabung, sie anderen verständlich zu machen. Vielleicht hat es Freude daran, diese Begabung später beruflich zu nutzen.

Sie wissen, daß es Ideen entwickelt und gern plant. Wenn sein Beruf ihm einmal Spaß machen soll, dann darf er nicht aus Routinearbeit bestehen. Mutlosigkeit, Resignation und schließlich Depression sind oft die Folgen stupider Beschäftigung.

Deshalb ist geistige Anregung ein Grundnahrungsmittel für Ihr Kind. Sprechen Sie mit ihm über alles. Über Gott und die Welt, über das Leben und über den Tod. Nehmen Sie es immer ernst!

Schön wäre es, wenn Sie erreichen könnten, daß es weder an sich selbst noch an andere zu hohe Erwartungen stellt. Gemeinsam könnten Sie so Enttäuschungen in Grenzen halten.

Die blaue Komponente in Verbindung mit anderen Komponenten

Grün als zweite Komponente

Wenn Sie festgestellt haben, daß Ihr Kind neben seiner «blauen» Hauptkomponente einen besonders deutlichen Grün-Anteil hat, spielt neben dem planenden Verstand das Gefühl eine große Rolle. Dünnhäutigkeit und Sensibilität verbinden sich mit einem Gespür für Menschen und Situationen.

Sein Bedürfnis nach Abstand ist nicht mehr ganz so stark. Es kommt mit seinen Mitmenschen besser in Kontakt.

Maßstab hierfür ist wie immer die Größe der Zweitkomponente.

«Blaue» Kinder mit einer gut ausgeprägten «grünen» Komponente sind oft besonders originell und schlagfertig. Sie haben einen sicheren Geschmack im ästhetischen Bereich. Deshalb sind sie empfindlich verletzbar durch alles, was grob, häßlich und schmutzig ist. Das gilt nicht nur für die angeblich zarter besaiteten Mädchen. Auch die Knaben sind Ästheten und lieben schöne, klare Dinge und Gedanken.

«Blaue» mit einer grünen Zweitkomponente entwickeln besonders früh einen Sinn für Kunst und Künstlerisches im weitesten Sinne. Harmonie in Wort und Ton, in Form und Farbe entspricht ihrem innersten Wesen. Musik, Literatur, Malerei begeistern sie und werden oft selbst ausgeübt. Vielleicht sogar später zum Beruf gemacht.

Je höher der Grün-Anteil bei Ihrem Kind ist, um so häufiger wird es anderen einen Gefallen tun, ohne nach dem Nutzen zu fragen.

Ihr Sprößling wird sich unter dem Einfluß seiner zweiten Komponente nicht ganz so viele Sorgen um seine Zukunft machen. Sein «grüner» Erfahrungsspeicher sagt ihm, daß es kaum einen Knoten gibt, der sich nicht mit Intuition und Fingerspitzengefühl lösen läßt.

Rot als schwächste Komponente

Ihr Kind wird seinen Mitmenschen nicht durch spontane, mitreißende Aktivität imponieren. Es hat Angst davor, sich festzulegen. Deshalb fallen ihm klare und harte Entscheidungen nicht leicht. Im Wettbewerb wird es sich kaum erfolgreich behaupten können. Es kann andere nicht einfach beiseite schieben, um schneller ans eigene Ziel zu kommen. Ihr Kind überzeugt lieber durch logische Argumente, die auch die Interessen seiner Umwelt berücksichtigen.

Rot als zweite Komponente

Die «rote» Komponente hilft Ihrem «blauen» Kind, sich im Leben besser zu behaupten.

Was nützt Ihrem Sprößling die gute Idee, wenn er sich scheut, sie zu verwirklichen? Was nützt ihm der perfekte Plan, wenn er nicht die Kraft hat, ihn in die Tat umzusetzen? Mit der Unterstützung durch seine «rote» Zweitkomponente schafft er das spielend!

Je größer die Portion Rot ist, um so weniger gibt sich Ihr Kind aber mit dem reinen Umsetzen zufrieden.

Es möchte, daß sich sein Plan auch bei anderen durchsetzt. Es möchte die von ihm bis ins letzte Detail ausgearbeitete Radtour ja nicht allein machen. Es will andere Kinder von der Großartigkeit seines Unternehmens überzeugen und mitreißen. – Später im Beruf will es das neu entwickelte Ordnungssystem nicht nur selbst anwenden. Es soll sich allgemein durchsetzen. Es soll «Schule machen»!

Sind einmal die Umstände dagegen, wird Ihr Kind nicht resignieren. Es wird sein Ziel geduldig und selbstsicher verfolgen. Manchmal vielleicht sogar rigoros.

Ihr Kind wird vielen Menschen unbequem sein, weil es ihnen oft vormacht, was sie eigentlich tun müßten. Ein gutes Beispiel wird selten geliebt. Weder in der Schule noch in der Freizeit. Weder im Beruf noch im Privatleben.

Sie könnten versuchen, Ihrem Kind verständlich zu machen, daß es aus seiner eigenen Leistung nicht die Berechtigung ableiten darf, diejenigen zu verurteilen, die es ihm nicht gleichtun.

Spürt Ihr Kind den Widerstand, kann es vorkommen, daß es aggressiv reagiert. Hier könnte ein wenig Selbstdisziplin nicht schaden. Es wirkt sonst rechthaberisch und erzeugt Ablehnung.

Grün als schwächste Komponente

Ihr Kind geht unter dem Einfluß seiner «roten» Zweitkomponente zwar eher auf seine Mitmenschen zu, doch meistens nur, wenn es sie für seine Pläne braucht. Diese kühle, zweckgebundene Art des Denkens und seine manchmal sogar aggressive Aktivität macht es anderen nicht leicht, Ihrem Kind entgegenzukommen. Es sollte deshalb bei seinen Vorhaben nicht auf Hilfe von außen bauen.

Da ihm aber Geduld und Zähigkeit geschenkt sind, wird es auch ohne Unterstützung und Förderung Erfolg haben.

Hier wurde bereits geholfen

Der «Fall» Marion Werner

Die Familie Holzapfel im Vorbereitungsteil der Analyse habe ich erfunden. Die Familie Werner, von der ich Ihnen gleich erzähle, gibt es wirklich.

In Absprache mit Vater Werner – und vor allem mit Marion, seiner Tochter – habe ich die Vor- und Zunamen der Familienmitglieder und den Beruf der Eltern geändert.

Die Familie besteht aus Mutter, Vater, den vier Kindern

Justus	*	6 Jahre alt	*	Hauptkomponente Rot
Wiebke	*	7½ Jahre alt	*	Hauptkomponente Rot
Karen	*	10½ Jahre alt	*	Hauptkomponente Blau
dem «Fall» Marion	*	12 Jahre alt	*	Hauptkomponente Grün

und diversem Kleinvieh. Sprich: einigen mongolischen Rennmäusen, zwei Meerschweinchen, einem Nymphensittich und einer Schildkröte.

«Mutter Werner hat viel zu tun!» werden Sie sagen. Hat sie auch! Mutter Werner ist nämlich Lehrerin. Sie unterrichtet an der Realschule Deutsch, Englisch und Geschichte. Abends betreut sie noch eine Volkstanzgruppe.

Vater Werner ist Programmierer und arbeitet im Schichtdienst.

Ich kenne Marion schon lange. Ich mag sie. Nicht zuletzt wegen ihrer ruhigen, freundlichen Art.

Wenn meine anderen Malkinder längst den Pinsel aus der Hand gelegt haben und mehr oder weniger buntgetupft auf dem Heimweg sind, räumt Marion mit mir zusammen auf. Glauben Sie nicht, ich hätte einen Sondertarif für Hilfsbereite. Marion hilft gern.

Richtig aufgefallen ist sie mir eigentlich durch ihr Lieblingswort: «Peinlich!» Sie sagte es immer wieder. – Wenn sie sich – ihrer Meinung nach – vermalt hatte. Wenn sie ein wenig Farbe auf die Hose gekleckert hatte. Wenn sie vergessen hatte, die Tür hinter sich zuzumachen. Ja, bald brauchte ich nur ein bißchen kritisch in ihre Richtung zu schauen, sofort kam dieses: «Peinlich!»

Ich sprach mit Mutter und Vater Werner über Marion und ihr «Peinlich!» Beide wurden dann eines der ersten Elternpaare, die die Analyse zur Früherkennung der Persönlichkeitsstruktur mit ihren Kindern bei mir gemacht haben.

Nach den Ergebnissen war der «Fall» Marion für mich klar: Mutter und Vater Werner haben ihre «grüne» Tochter überfordert. Beide hatten nämlich nicht nur ein Lieblingswort, sie hatten sogar einen ganzen Lieblingssatz: «Unsere vernünftige Große macht das schon!» hieß er.

Während Mutter Werner am Nachmittag die Schulhefte fremder Kinder korrigierte, beaufsichtigte Marion ihre jüngeren «roten» Geschwister. Das war für sie eine schwierige Aufgabe, die sie nie ganz zu ihrer und der Mutter Zufriedenheit lösen konnte. Irgend etwas Schlimmes stellten die Kleinen eigentlich immer an. «Peinlich!» War die Mutter fort und der Vater kam von der Arbeit heim, machte Marion ihm das Essen. Roch es angebrannt aus der Küche, war es ihr «peinlich!».

Außerdem kümmerte sie sich rührend um die diversen Haustiere.

Allen wollte sie alles recht machen! Arme Marion! – Nicht nur die Eltern überforderten ihr Kind. Dieses Kind überforderte sich selbst.

Aber meine Überschrift heißt: Hier wurde bereits geholfen. Die Zeit vergeht, Marion ist inzwischen fünfzehn Jahre alt und – ihr ist überhaupt nichts mehr peinlich!

Marions Auswertungsbogen finden Sie auf Seite 168

Der «Fall» Kai-Marius Wächter

Die Familie besteht diesmal nur aus Mutter, Vater und

Kai-Marius ✻ 9 Jahre alt ✻ Hauptkomponente Rot
Zweitkomponente Blau

und seinem erwachsenen Bruder Markus, der nicht mehr im Haus der Eltern wohnt.

Dieser Bruder – ich habe ihn nie kennengelernt – hat Kais bisheriges Leben stark beeinflußt.

Frau Wächter erzählte, daß sie viel Kummer mit Markus gehabt hat. Vor mir saß eine freundliche Frau, die aber etwas scheu, beinahe ängstlich wirkte. Herr Wächter wollte sie nicht begleiten. «Meinen Großen habe ich wohl mehr schlecht als recht erzogen!» meinte sie. Und weiter: «Deshalb ist aus ihm auch nichts Rechtes geworden!» Das konnte ich natürlich nicht beurteilen. Ich konnte Frau Wächter nur anhören: «Kai soll nicht in den Fußballverein, da lernt er nur schlechte Manieren!»

Wie so viele Mütter hat auch sie ein Lieblingswort: «Schlecht!» «Kai soll nicht auf die Realschule! Seinem Bruder ist sie schlecht bekommen. Er mußte auf die Hauptschule zurück und wurde dort von Stund an furchtbar gehänselt!»

Merken Sie etwas? Wegen der schlechten Erfahrungen, die Frau Wächter mit ihrem Großen gemacht hat, bremste sie ständig ihren Kleinen. Ihren dynamischen «Roten», der natürlich trotzig bis aufsässig reagierte. Sie wurde nicht mehr mit ihm fertig.

Ich durfte Kai-Marius kennenlernen: «Hier bin ich! Kai. Wo kann ich mich hinsetzen?» Der Raum war auf einmal voll. Nicht daß Kai-Marius groß und rund war – seine Persönlichkeit füllte den Raum. Ein toller Bursche.

Frau Wächter weiß heute, daß sie ihrem Sohn nichts Gutes tut, wenn sie ständig versucht, ihrer Meinung nach Schlechtes von ihm fernzuhalten.

Kai-Marius darf jetzt seine eigenen Erfahrungen machen. Im Fußballverein ist er nach seinen Worten «der beste Mittelstürmer, den die jemals hatten»!

In seiner Realschulklasse gehört er zur besseren Hälfte.

Kai-Marius Auswertungsbogen finden Sie auf Seite 170

Der «Fall», der keiner war: Verena Engel

Sie kam gleich nach ihrem fünften Geburtstag zu mir in die Malstunde. Sie wirkte schon damals sehr ausgeglichen. Bei der Arbeit schmunzelte sie immer stillvergnügt und zufrieden in sich hinein.

Daran hat sich bis heute nichts geändert. Die anderen Kinder mögen sie sehr.

Ich glaubte, ihre Persönlichkeitsstruktur erkannt zu haben. Doch das war mir nicht genug. Ich wollte eine Bestätigung. Schwarz auf weiß!

Verena ✻ 10 Jahre alt ✻ ihre Komponenten sind annähernd gleich

Im Gespräch mit den Eltern erfuhr ich dann, daß Verena nicht nur charmant zu lächeln versteht, sondern manchmal auch ganz schön wütend werden kann.

Mutter und Vater Engel, beide Pädagogen, haben dann im Elternbefragungsteil bewiesen, wie gut sie ihr Kind kennen.

Sie haben sicher gemerkt: Meine Beispiele wurden von «Fall» zu «Fall» kürzer.

Obwohl ich die Namen und Berufe aller Personen geändert habe, ist mir bei diesem Kapitel unbehaglich zumute. Habe ich doch mehr oder weniger die Familienangelegenheiten anderer vor Ihnen ausgebreitet. Wir sollten es bei diesen drei Beispielen aus der Erprobungsphase der Analyse belassen.

Verenas Auswertungsbogen finden Sie auf Seite 172

Marion Werner	Erprobungsphase	
Befragt durch: B.M.-R.	12 Jahre	23.2.81

Elternbefragung				Befragung des Kindes						
				Wertungsteil: Bild d. Struktur				Zusatzwertung		
Komponente	grün	rot	blau	Komponente	grün	rot	blau	grün	rot	blau
Grundwert	12	12	12	Grundwert	12	12	12	0	0	0
				Vorbereitg. Abschn. A				+1		
				Abschn. B					+1	
				Abschn. C				+1		
Befragung Abschn. 1	-1	-1	+2	Befragung Abschn. 1	+2	-1	-1			
				Abschn. 2				+1		
Abschn. 2	0	0	0	Abschn. 3	0	0	0			
Abschn. 3	-2	+2	0	Abschn. 4	+2	-2	0			
				Abschn. 5				+1		
Abschn. 4	-2	+2	0	Abschn. 6	+2	0	-2			
Abschn. 5	-2	0	+2	Abschn. 7	0	0	0			
Abschn. 6	-1	-1	+2	Abschn. 8	-1	+2	-1			
				Abschn. 9				+6		
Gesamt	4	14	18		17	11	8	10	1	

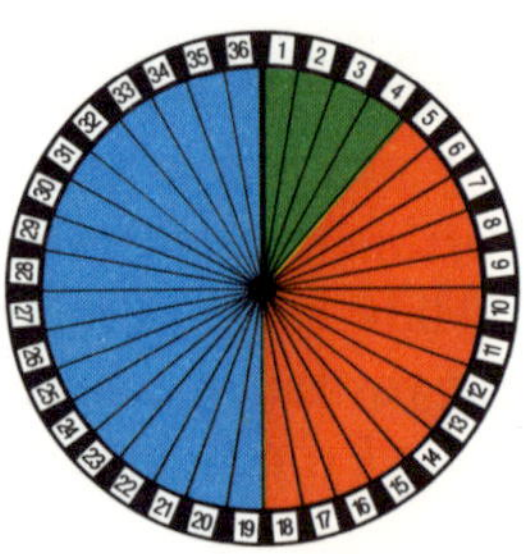

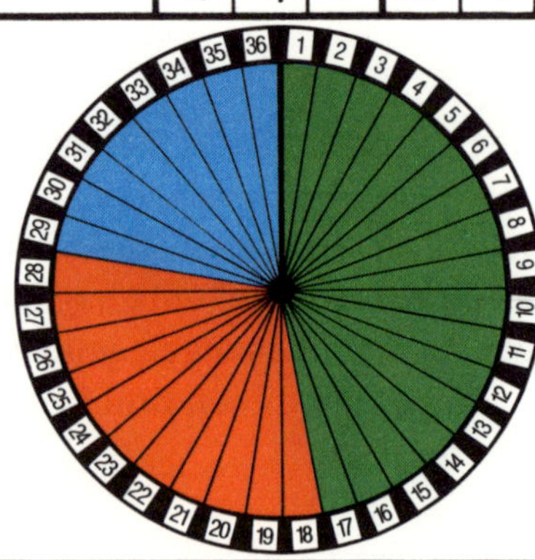

Kai-Marius Wächter	Erprobungsphase	
Befragt durch: B. M.-R.	9 Jahre	24.3.81

	Elternbefragung				Befragung des Kindes						
					Wertungsteil: Bild d. Struktur				Zusatzwertung		
	Komponente	grün	rot	blau	Komponente	grün	rot	blau	grün	rot	blau
	Grundwert	12	12	12	Grundwert	12	12	12	0	0	0
					Vorbereitg. Abschn. A					+1	
					Abschn. B					+1	
					Abschn. C					+1	
	Befragung Abschn. 1	-1	-1	+2	Befragung Abschn. 1	-1	-1	+2			
					Abschn. 2				+1		
	Abschn. 2	0	0	0	Abschn. 3	0	0	0			
	Abschn. 3	+2	-2	0	Abschn. 4	-2	+2	0			
					Abschn. 5					+1	
	Abschn. 4	0	+2	-1	Abschn. 6	-2	+2	0			
	Abschn. 5	0	+2	-2	Abschn. 7	0	+2	-2			
	Abschn. 6	-1	+2	-1	Abschn. 8	-1	+2	-1			
					Abschn. 9				+2	+2	+2
	Gesamt	12	15	9		6	19	11	3	6	2

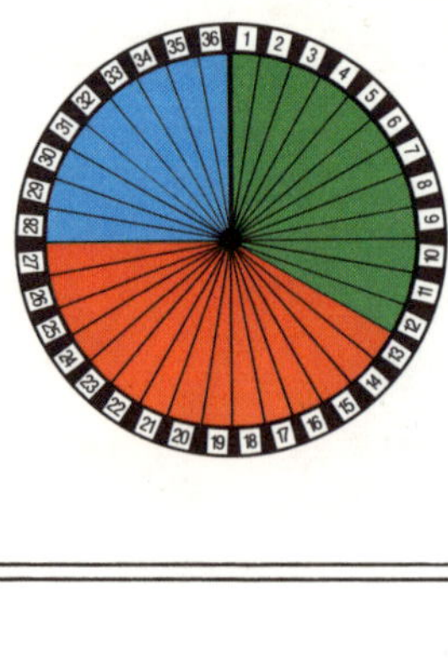

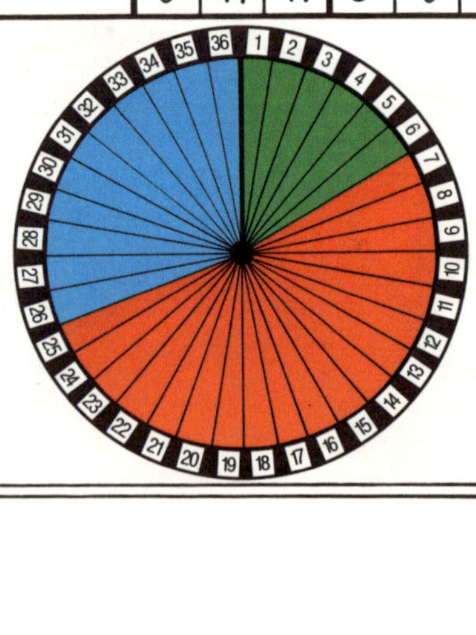

UMZÜ
GE

Verena Engel				Erprobungsphase						
Befragt durch: B. M.-R.				10 Jahre				25.5.81		
Elternbefragung				Befragung des Kindes						
				Wertungsteil: Bild d. Struktur				Zusatzwertung		
Komponente	grün	rot	blau	Komponente	grün	rot	blau	grün	rot	blau
Grundwert	12	12	12	Grundwert	12	12	12	0	0	0
				Vorbereitg. Abschn. A					+1	
				Abschn. B				+1		
				Abschn. C					+1	
Befragung Abschn. 1	-1	-1	+2	Befragung Abschn. 1	-1	-1	+2			
				Abschn. 2						+1
Abschn. 2	+2	-2	0	Abschn. 3	0	0	0			
Abschn. 3	+2	0	-2	Abschn. 4	+2	0	-2			
				Abschn. 5					+1	
Abschn. 4	-2	+2	0	Abschn. 6	0	-2	+2			
Abschn. 5	+2	0	-2	Abschn. 7	+2	-2	0			
Abschn. 6	-1	-1	+2	Abschn. 8	-1	+2	-1			
				Abschn. 9				+4		+2
Gesamt	14	10	12		14	11	11	5	3	3

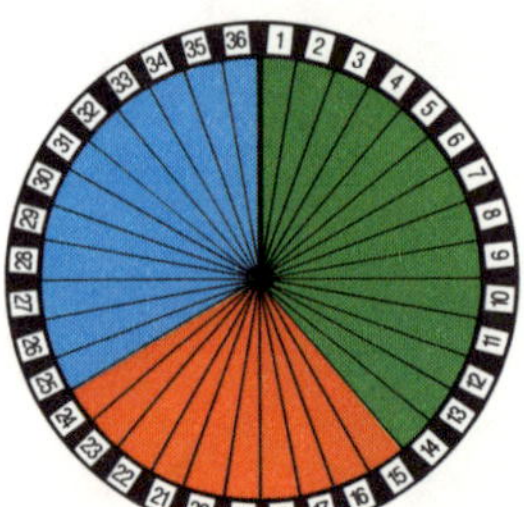

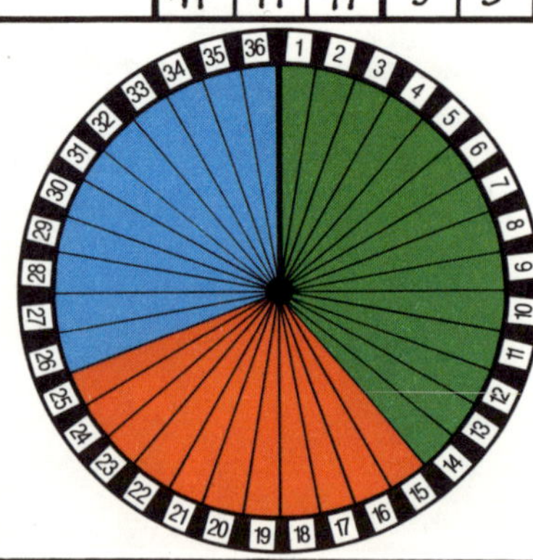

MÖBEL

Was Sie von der Analyse erwarten dürfen

Sie haben sich mit dem Persönlichkeitsbild Ihres Kindes vertraut gemacht. Sie haben die Kapitel 8, 9, 10 und 11 aufmerksam gelesen, denn Sie wollen nicht nur Ihr Kind erkennen, sondern darüber hinaus seine Freunde und Freundinnen und damit alle Kinder.

Hat Ihr Sohn oder Ihre Tochter die Selbstanalyse durchgeführt, wird er oder sie mit Ihnen über das persönliche Ergebnis und über die Menschen an sich sprechen wollen. Entziehen Sie sich diesen Gesprächen nicht! Es werden viele sein.

Haben Sie Ihr Kind durch die Analyse geführt, sprechen Sie mit ihm über die Kapitel 8, 9, 10 und 11. In Ihren eigenen Worten. Wenn Sie mögen, können Sie ihm auch die meinen vorlesen.

Sie wollen Ihren Sprößling ja nicht nur persönlichkeitsgerecht lieben und erziehen, er soll sich selbst kennen- und akzeptieren lernen. Er soll lernen, sich unter Ihrem Schutz selbst zu lieben und selbst zu erziehen.

Nur so lassen sich die Worte Kahlil Gibrans, die ich diesem Buch vorangestellt habe, voll verwirklichen. Ich möchte dieses Buch nicht beenden, ohne sie Ihnen wieder ins Gedächtnis zurückzurufen:

> «Deine Kinder sind nicht deine Kinder. Sie sind die Söhne und Töchter der Sehnsucht des Lebens nach sich selbst. Sie kommen durch dich, aber nicht von dir, und obwohl sie bei dir sind, gehören sie dir nicht. Du kannst ihnen deine Liebe geben, aber nicht deine Gedanken, denn ihre Seele wohnt im Haus von morgen, das du nicht besuchen kannst, nicht einmal in deinen Träumen. Du kannst versuchen, ihnen gleich zu sein, aber suche nicht, sie dir gleich zu machen. Denn das Leben geht nicht rückwärts und verweilt nicht beim Gestern. Du bist der Bogen, von dem deine Kinder als lebende Pfeile ausgeschickt werden. Laß deine Bogenrundung in der Hand des Schützen Freude bedeuten.»

Die Analyse zur Früherkennung der Persönlichkeitsstruktur kommt spät. Sie kommt aber nicht zu spät, wenn Sie dieses Buch als Handwerkszeug für Ihr verantwortungsvolles elterliches Handeln verstehen. Geben Sie Ihrem Kind die Möglichkeit, das Ergebnis seiner Analyse zum Guten für sich selbst und seine Mitmenschen zu nutzen.

Sich selbst und seine Mitmenschen kennenzulernen ist nicht Sache eines Augenblicks. Sie werden merken, daß das Bild von der Persönlichkeit Ihres Kindes nur den Anstoß gibt für Ihr Andersdenken und Andershandeln. Für das Andersdenken und Andershandeln Ihres Kindes. Sie werden erleben, daß Ihnen und Ihrem Kind die Farben Grün, Rot, Blau und die drei Komponenten mit den dazugehörigen Merkmalen nicht mehr aus dem Sinn gehen.

Wenn Ihr Kind wütend die Tür zuknallt, werden Sie denken: «Das ist aber eine typisch ‹rote› Reaktion!» Und die Sache vielleicht nicht ganz so tragisch nehmen.

Gehört es zu ihm, daß es seinen Kummer still mit sich herumträgt, werden Sie den Kummer Ihres «Blauen» eher spüren und ihm tragen helfen!

Sollte Ihr Sohn oder Ihre Tochter ein kleiner «Grünling» sein und wie ein Buch über die Ungerechtigkeit dieser Welt reden, werden Sie geduldig zuhören. Auch wenn es Ihnen schwerfällt.

Machen Sie Ihren Sprößling immer wieder auf strukturbedingte Verhaltensweisen aufmerksam. Zeigen Sie ihm aber auch strukturfremde auf. Sie dürfen dann erwarten, daß er in zunehmendem Maße Sicherheit und Selbstvertrauen gewinnt. Er wird durch eigene Erfolgserlebnisse lernen, daß es sich nicht lohnt, andere Kinder zu kopieren, daß er es nicht nötig hat, fremde Rollen zu spielen.

Früher oder später werden Sie mit Erstaunen registrieren, daß Ihr Kind kaum noch Probleme mit anderen Kindern hat. Ob Grün, Rot oder Blau, es hat ganz nebenbei gelernt, andere richtig einzuschätzen und zu verstehen. Durch die Analyse wurde es aufgeschlossen für die Eigenarten seiner Mitmenschen. Das wird ihm helfen. In der Schule und später im Beruf. In der eigenen Familie oder in der Freizeit, die es vielleicht zusammen mit anderen verbringen wird.

Ich habe festgestellt, daß es Eltern gibt, die das Wort «Hilfe» nicht gern hören. Bekommen sie einmal den Rat, sich wegen auffälliger Reaktions- und Verhaltensweisen ihres Kindes hilfesuchend an einen Psychologen zu wenden, sind sie gekränkt. «Mein Kind ist normal!» sagen sie und meinen, wenn sie es in seine Hände geben würden, wäre das bereits ein Zweifeln an der geistigen Gesundheit ihres Sprößlings.

Dieses Modell, das auf dem Struktogramm Rolf W. Schirms basiert, welches wiederum auf den Erkenntnissen Sheldons und MacLeans aufbaut, wird allen Eltern helfen, die unbegründeten Bedenken gegen psychologische Hilfe über Bord zu werfen.

Ich darf also jubeln, ohne daß man mir nachsagen kann, ich würde mir ständig selbst auf die Schulter klopfen. Obwohl ich viele Jahre – mit Unterbrechungen – an dem Diamanten «Struktogramm» geschliffen habe, um ihn in eine kindgerechte Fassung zu bringen.

Ich möchte mit den Worten Paul MacLeans schließen: «Eine weite Verbreitung des verfügbaren Wissens über grundsätzliche Zusammenhänge zwischen Hirnfunktion und Verhalten würde viel dazu beitragen, den Menschen zu helfen, mit sich und der Gesellschaft zufrieden zu leben.»